ColdBrew Guide

leckere, kaltgebrühte Sommer-Getränke aus Kaffee, Tee, Kakao und mehr ...

Roland W. Schulze

ColdBrew - Gut Ding vs. Weile
– 50 Rezepte zur genussvollen Entspannung!

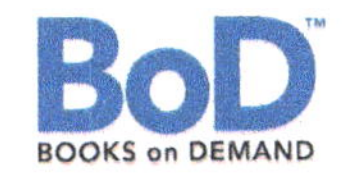

Impressum

Verlag: BoD-Verlag
Books on Demand GmbH
In de Tarpen 42
22848 Norderstedt, Deutschland
1. Auflage: Oktober 2019
ISBN-Taschenbuch: 9783750400726
ISBN-eBook: - folgt -

BOOKS on DEMAND

Buch-Druck: BoD-Verlag

eBook-Produktion: BoD-Verlag

Erscheinungsjahr: Winter 2019

Titel: **ColdBrew-Guide**

Autor: Roland W. Schulze, Bremen

Inhalt: 120 Seiten, 21 Kapitel, ca. 200 Bilder/Grafiken

Textredaktion: Roland W. Schulze, Bremen

Bilder und Fotos: eigene Bilder und weitere Quellen
(siehe Anhang)

weitere Informationen: www.xing.de hier die XING-Gruppe
„Die Bremer Genießer", Tipps+Tasting-Veranstaltungen.
www.picknick-bremen.de , die Korb-Vermietung,
und Füllung mit Lebensmitteln und Getränken.
Es ist eine Projektgemeinschaft mit Jens Emigholz
GmbH, Bremen

Die Postadresse des Autors ist über den o.g. Verlag zu erfragen.
Roland W. Schulze ist als Buchautor ein eingetragenes Mitglied bei der „Verwertungsgesellschaft Wort (VGWort)" in München

ColdBrew Guide

leckere, kaltgebrühte Sommer-Getränke
aus Kaffee, Tee, Cascara, Kakao und mehr ...

Roland W. Schulze

Allen Geschmacksfreunden
und Genießern
gewidmet!

Inhaltsverzeichnis

50 Rezepte:

48 Getränke und 2 Würzmittel-Rezepte

ColdBrew-Kaffee

mit Alkohol ♦

mit Alkohol ♦

ColdBrew -Caffee- Orange- Tonic

NITRO-ColdBrew-Kaffee

mit Alkohol ♦

NITRO-Espresso-Wodka

🍸 ColdBrew-Secha-Tee (Blätter)

ColdBrew-Sencha-pur

🍸 ColdBrew-Matcha-Tee (Tee-Pulver)

mit Alkohol ♦

ColdBrew-Matcha-Lime

ColdBrew-Cascara

mit Alkohol ♦

Arnold Palmer - lemonade

ColdBrew-Cacao

ColdfBrew-Cacao

Würzmittel

Professionelle ColdBrew-Produktionsanlage

Vorwort

Vor vielen Jahrzehnten war Bremen die Stadt, mit ca. 400 kleinen Kaffee-Röstereien. Nach dem Krieg gab es nur noch wenige, sehr große Röster. Seit ca. 15 Jahren wächst wieder die Anzahl der Klein-Röstereien, neben den großen, wie Tchibo, Melitta, Kaffee HAG, AZUL-Kaffee und Jacobs. Bremen ist und bleibt „die bundesdeutsche Kaffee-Verarbeitungs-stadt"!

Als ich vor 3 Jahren zum Kaffee-Tasting bei einer dieser kleinen Röstereien eingeladen war, kredenzte mir der Röst-Meister **„ColdBrew"**, eine mir damals noch unbekannte Flüssigkeit, aus geröstetem, kalt-gebrühtem und gemahlenen Kaffee. Ich war wirklich erstaunt, wie gut das schmeckte; der Geschmack war wirklich **„alles andere als kalter Kaffee"!**

Wenn **„HotBrew"** die Übersetzung für ein „heiß gebrühtes Getränk" ist, dann muss **„ColdBrew"** das Gegenteil bedeuten: ein Getränk, das nicht heiß, sondern kalt angesetzt, sprich „gebrüht" wird. ColdBrew kann aus Kaffee-Pulver, grünen Tee-Blättern (Sencha), aus grünem Teepulver (Matcha) bekannt aus der japanischen Teekultur, aber auch aus den getrockneten Fruchtkörpern der „Kaffee-Kirsche", hergestellt werden. Von der haben wir bisher nur den Kern, also die Kaffee-Bohne, benutzt. Das kalt-gebrühte Getränk schmeckt völlig anders, als das jeweils bekannte Heißgetränk. Zu guter Letzt kann ColdBrew sogar aus auch Cacao entstehen. Zudem lassen sich auch noch alle ColdBrew-Getränke mit Gewürzen, Sirups und Alkoholika verfeinern, oder **„pimpen"**, wie das heute heißt!

Mit diesem Taschenbuch will ich die gesamte Bandbreite dieses Herstellungsverfahrens, aber auch Rezepte für Mix- und Cocktail-Getränke beschreiben, mit denen sich vorzüglich Sommer-Getränke aus ColdBrew herstellen lassen, je nach Wunsch, mit und ohne Alkohol! Die Zubereitung ist denkbar einfach. Wie das geht, zeige ich hier mit vielen Informationen und interessanten, leckeren Rezepten!

Viel Spaß wünscht

von „Picknick-Bremen"

P.S.-1: Ein paar Getränke, teilweise mit Ritualen, sind hier sehr speziell „bremisch" und mit diesem Logo gekennzeichnet!

P.S.-2: Ich danke meinem Picknick-Projektpartner, Jens Emigholz, recht herzlich für die vielen Ideen, zur inhaltlichen Gestaltung meines Buches!

1. Was ist ColdBrew aus gemahlenem Kaffee?

Niederländischer Händler, ca. 17. Jahrhundert

Die Geschichte zum Mix-Getränk-Geheimtipp: „ColdBrew“

Machen Sie es doch, wie die niederländischen Händler und Kaufleute im 17. Jahrhundert: die nahmen bei ihren langen Reisen nach Asien, ein kaltes Kaffee-Konzentrat mit, das sie unterwegs jederzeit mit Wasser verdünnt, trinken konnten.
Das hieß für sie und die lange Reise: Gewichts- und Volumen-Ersparnis und immer ein Kaffee-Getränk griffbereit! Sie waren die eigentlichen „Erfinder des ColdBrew-Getränkes aus Kaffee“.

Weil hier der Kaffee nicht heiß aufgebrüht wird (HotBrew), wie wir es alle kennen, sondern kalt angesetzt wird, heißt dieses Konzentrat entsprechend „ColdBrew“, übersetzt etwa „Kalt-Gebrühtes“.

Ähnliches kannte man auch schon vor Jahrhunderten in Japan und dort nennt man das Konzentrat **„Kyoto-Kaffee“** und das ist sogar heute noch ein **beliebtes und aktuelles Getränk in Japan.**

Eine richtige neuzeitliche Renaissance erlebte ColdBrew, als ca. 2012 die wieder-erwachende **OutDoor-Wanderer- und die Survival-Szene** in den USA, dieses Getränk für sich wiederentdeckte.

Und weil OutDoor-Wanderungen dem „klassischen Picknick“ äußerst ähnlich sind, passt ColdBrew auch gut zu Picknick (behaupten wir Bremer-Picknick-Freunde)!
Gekühlt ist es ein leckeres Getränk für heiße Sommertage und eignet sich hervorragend für viele Mixgetränke und leckere Cocktails!

Wie ColdBrew aus Kaffee hergestellt wird:

- **mahlen Sie 80g äthiopischen oder nord-afrikanischen Kaffee mittelgrob** (z.B. den **TCHIBO „Privatkaffee African Blue"**, oder die Kaffee-Sorte „**Duromina**"). Dieser reine äthiopische Kaffee zählt zu den besten Kaffees dieser Welt, also pure 100% Arabica-Bohnen und keine Robusta-Bohnen-Mischung (Bild rechts: Tchibo-Privatkaffee African Blue, in der blauen Packung, den sollten Sie kaufen)!

- Übergießen Sie das Mahlgut mit **1 Liter kaltem Wasser,** und lassen Sie diese Mischung **8 Stunden** bei Raum-Temperatur, leicht abgedeckt, stehen oder stellen Sie es in den Kühlschrank.

- Anschließend, nach der sogenannten **„Standzeit"**, **filtern** Sie dann die gesamte Flüssigkeit, zuerst durch ein sauberes Leinentuch und danach durch einen normalen Papier-Kaffee-Filter. Je **länger** Sie das Mahlgut im Wasser stehen lassen (Standzeit von 8 bis 20 Stunden sind möglich), desto **mehr Koffein** wird durch das kalte Wasser gelöst und die **Bitterstoffe** und Säure überlagern die Frucht-Aromen.

  Nach meinen Erfahrungen sind 8 Stunden Ansatzzeit das Optimum, weil fast kein Koffein gelöst wird und keine Säure, aber unerwartet köstliche Frucht-Aromen entstanden sind.

  Nach 20 Stunden ist das aber dann eine „Koffein-Bombe" geworden, hat aber viel Säure und weniger Aromen!
  Also: längere Standzeit und mehr Kaffee als 80g/1Liter löst mit kaltem Wasser wesentlich mehr Koffein, zu Lasten der Frucht-Aromen!

Andere Kaffee-Sorten, z.B. aus Guatemala und/oder „hell-geröstetem Kaffee" nutze ich nicht. **Mit äthiopischem Kaffee, normal und schonend geröstet, ist der Geschmack wirklich am besten.**

Wie schmeckt ColdBrew aus Kaffee?

Die cognac-farbene Flüssigkeit, die wir ab-gefiltert haben, der „ColdBrew“, schmeckt völlig anders, als „erkalteter Kaffee“, den wir vorher immer klassisch heiß-gebrüht haben.

ColdBrew-Kaffee hat einen einzigartigen Geschmack. Der hängt natürlich auch sehr von der eingesetzten Kaffeesorte und vom Röstverfahren ab. Kleinere Röstereien rösten länger und und mit niedrigeren Temperaturen, also schonender, als die Großröstereien. Fragen Sie auch mal in Kleinröstereien nach “Duromina-Bohnen“, die kommen auch aus Äthiopien, sind aber teurer, als anderer Kaffee.

Wie immer, ist auch die Frische des Kaffees sehr wichtig! Daher sollten Sie den gerösteten Kaffee-Bohnen selbst erst kurz vor dem ColdBrew-Ansatz mahlen. Das rate ich generell für jede Zubereitungsmethode von Kaffee! Ganze Bohnen halten auch im Kühlschrank länger die Aromen; gemahlener Kaffee dagegen verliert sehr schnell den aromatischen Geschmack, auch in sogenannten Aroma-geschützten Verpackungen! Man benötigt auch einen sehr **groben Mahlgrad** für den Kaffee. Der sollte sogar noch ein wenig gröber sein, als für die „French-Press“ (Siebpress-Kanne).

Afrikanische Kaffees, insbesondere aus Äthiopien, gefallen mir als ColdBrew besonders gut. Den Charakter des Kaffees können Sie also maßgeblich durch die Zeit des Ziehens beeinflussen. Durch den direkten Kontakt des Wassers mit dem Kaffee gibt dieser sein Aroma ab.

Nach 8 bis maximal 10 Stunden (Standzeit), bekommt man schöne **„Zitrus-Bomben“**. Wenn man länger wartet, werden diese Aromen langsam von einer gewaltigen Fülle, dem Körper, „erdrückt“!

ColdBrew aus äthiopischem Kaffee (mit 8 Stunden Standzeit) schmeckt nicht bitter, hat sehr wenig Säure und u.U. wenig Coffein (siehe „Standzeit“, oben).

Er hat viele fruchtige Aromen, die man eigentlich kaum erwartet!

So schmeckt man Aromen von **Ananas, Banane, Pfirsich**, **etc.** heraus und damit ist ColdBrew vorzüglich geeignet, um damit auch leckere und gekühlte **Cocktails** zu mixen, gerade im Sommer!

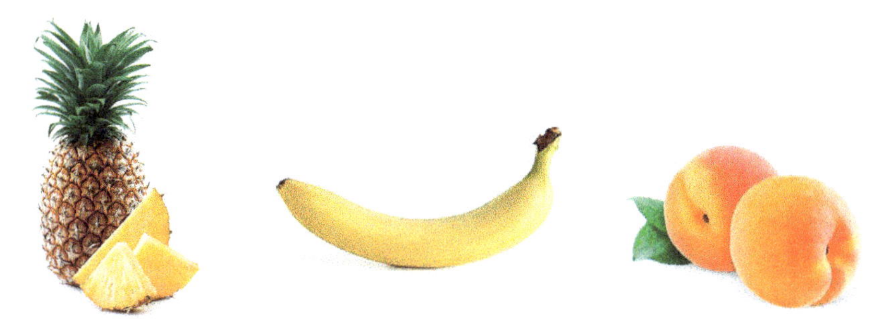

Wie immer gilt: Experimentieren lohnt sich und erlaubt ist, was schmeckt! Variieren kann man mit der **Kaffee-Menge**, der **Wasser-Menge** und der **Standzeit** - und natürlich mit verschiedenen **Mix-Zutaten**, denn ColdBrew ist eine tolle Basis für Mixgetränke und Longdrinks!

Warum erwartet uns so ein unerwarteter, anderer Geschmack?

Wie Sie vielleicht noch aus dem schulischen Chemie-Unterricht wissen, hängt eine bestimmte chemische Reaktion immer von der Temperatur ab! Eine Steigerung der Temperatur um z.B. 20° Celsius, verdoppelt fast jede chemische Reaktion!

Das heißt in unserem Fall, dass heiß-gebrühter Kaffee wesentlich mehr Bitterstoffe, Säure und Koffein aus dem Kaffee-Pulver löst, als mit kalten Wasser gebrühter Kaffee.

Beim ColdBrew Verfahren bleiben die Bitterstoffe und Säuren jedoch im **Kaffeesatz**. Der Kaffee schmeckt fruchtig und mild; er ist deshalb auch magen-schonend und sehr bekömmlich!

2. Meine Bremer-Lieblingsrezepte für ColdBrew (siehe mit Alkohol ♦)

Jetzt ist Ihr ColdBrew-Konzentrat **lagerfähig, für bis zu 14 Tagen im Kühlschrank** und das nimmt man als **Grundlage** für folgenden Mix-Getränke, die man aber erst kurz vor dem Gebrauch (oder erst beim Picknick) zusammenfügt und das mixt/mischt man, wie folgt:

„Sommer-IceBrew“ (Das BASIS-Rezept):
der Klassiker bei heißen Temperaturen

Je 1/3 ColdBrew und 2/3 Tonicwater*(s.u.), ein guter Spritzer Zitronensaft und zwei Eiswürfel ergeben ein erfrischendes Mix-Getränk, das ähnlich den **„Bionade-Getränken“** schmeckt. Statt Zitronensaft, kann man auch einen Spritzer Kirsch-Sirup dazu fügen.

„ColdBrew – Eiskaffee“:
erfrischend mediterran

Je 1/3 ColdBrew und 2/3 Vollmilch / Vorzugsmilch (mit 3,5% Fett und mehr) und drei Eiswürfel ergeben ein erfrischendes Getränk, das ähnlich dem griechischen Eiskaffee, dem erfrischenden **„Café Frappé“** schmeckt.

„ColdBrew-White Espressi Russian“: ♦
süß und vanillig
30% vorbereiteter ColdBrew-Wodka-Ansatz (80g gemahlener Kaffee auf 300ml Wodka und 300ml Eiswasser ansetzen, 8 Stunden stehen lassen, dann abfiltern), dazu 10% Kalúha (mexikanischer Kaffee-Likör), dazu 60% Voll-Milch oder Sahne zufügen und 3 Eiswürfel.
Der Geschmack ist **ähnlich** dem bekannten **Baileys-Likör,** nur nicht so super-süß!

🍸„ColdBrew-Bulletproof Coffee“:
der „kugelsichere Kaffee“ - Wachmacher, Sättiger und „eine gute Abnehmhilfe“

300ml ColdBrew, 15g Weide-Butter, 15g Kokosöl oder 2 EL MCT-Öl , 3-5 Eiswürfel.
Weide-Butter und Kokosöl (oder MCT-Öl) leicht aufwärmen und in einem Stand-Mixer vermischen und schaumig schlagen, ColdBrew und Eiswürfel dazugeben, u.U. ein wenig Vanille-Pulver dazugeben.
Dieses Getränk bringt wirklich Energie und gesteigerte Konzentrationsfähigkeit und schmeckt mir selbst sehr gut!
Aber Vorsicht - das mag nicht jeder!

Zur Entstehung dieses „Wunder-Gebräus“:

Dem amerikanische Unternehmer und erfolgreiche Buchautor, **Dave Asprey,** wurde auf einer seiner Reisen durch den **Himalaya** von den Einheimischen ein **Yakbutter-Tee** serviert. Die **positiven Effekte** dieses Gemisches hatten ihn so sehr beeindruckt, dass er beschloss, das Getränk nach der Rückkehr seiner Reise in die USA „nachzubrauen“.

Er experimentierte mit dem ursprünglichen Tee-Getränk. Er fand aber heraus, dass das Getränk seine **höchste Wirkung entfaltet**, wenn statt Tee, ein hochwertiger **Qualitätskaffee** zusammen mit **Weide-Butter und MCT-Öl** kombiniert und schaumig(per Mixer) geschlagen wird. Der ColdBrew-Kaffee, nach diesem Rezept, erhöht die **Leistungsfähigkeit**, indem er die **Aufmerksamkeit** und **Konzentrationsfähigkeit steigert** und morgens genossen, **sättigt er den Appetit** (völlig Kohlehydrat-frei) bis in die **späten Mittagsstunden!**

Z. Zt. ist **Bulletproof** in den USA ein beliebtes Kultgetränk und mehr Informationen finden Sie im WEB unter: **Dave Asprey** (s. Wikipedia), und in seinem ONLINE-Shop https://shop.bulletproof.com/ .

* *Informationen zu Tonic-Water:*

Wir benutzen **nur** Tonic-Water mit **sehr viel Kohlensäure** von **„FEVER-Tree-Indian-Tonic"** oder **„Thomas-Henry-Tonic-Water"** (nicht aromatisiert)! - „Viel Kohlensäure" ist ein Geschmacksträger, so wie die „Butter beim Kochen"! Benutzen Sie also kein billiges Standard-Tonicwasser oder Mineralwasser, denn das würde Ihnen viele Geschmackserlebnisse rauben!

1/3 ColdBrew *2/3 Tonic* *Eis* *fertig!*

Mit diesem Arsenal haben wir 13 leckere Mix-Getränke/Cocktails aus und mit ColdBrew hergestellt und mit 13 interessierten Gästen verkostet.
*„**IceBrew**" ist übrigens eine Variante von ColdBrew (wird später erklärt).*

🍸 ColdBrew - mit Schaum-Krone gefällig?

Ja, es geht auch mit "Schaum"! Füllen Sie Ihren ColdBrew in einen **Cocktail-Shaker**, geben Sie ein paar Eiswürfel und einen Schuss einfachen Zuckersirup hinzu. **Shaken** Sie mit all Ihrer Muskelkraft, gießen Sie den schaumig-cremigen ColdBrew in ein Glas ein und lassen Sie sich überraschen!

Das Ergebnis spricht für sich! Beeindruckend und auch beeindruckend lecker!

🍸 ColdBrew - mal richtig fruchtig:

ColdBrew lässt sich auch gut mit **Fruchtsäften** mischen – und das schmeckt vorzüglich!

Auch hier nimmt man wieder 1/3 ColdBrew und füllt 2/3 auf, z.B. mit **Grapefruit**- und **Rhabarber-Saft**.
Experimentieren Sie aber ruhig mit anderen Mischverhältnissen, z.B. bis 50:50 Verhältnis ColdBrew und Fruchtsaft mischen.

Probieren Sie auch einfach mal andere Fruchtsaftsorten aus, wie Orangensaft, Limettensaft, Pfirsichsaft, usw.!

🍸 ColdBrew, O-Saft, Eis und Ingwer-Infusion:

Das ist ein toller Wachmacher und ein **echter Vitamin-Kick**!

Zutaten: 1/2 Glas frisch gepresster Orangensaft
1/4 Glas ColdBrew Coffee
1/4 Glas kalt gezogene Ingwer-Infusion** (siehe unten)
1 Esslöffel brauner Zucker
1 handvoll Crushed-Ice

Zubereitung:
Orangensaft pressen, in einen Mixer geben, ColdBrew-Coffee und kalt gezogene Ingwer-Infusion (** siehe unten), braunen Zucker und Crushed-Ice dazugeben und kurz mixen.
Mit Orangenscheibe und frischer Minze garnieren. **Fertig und Prost!**

** ***Eine kaltgezogene Ingwer-Infusion setzt man so an:***

1. Eine frische Ingwer-Zehe von ca. 5 cm Länge in ca. 1 cm große Scheiben schneiden.
2. Die Ingwer-Stückchen in eine 1-Liter-Flasche geben und kaltes (im Idealfall für besonders guten Geschmack durch einen Trinkwasserfilter gefiltertes) Wasser darüber gießen.

3. Die Flasche verschließen und für 12-24 Stunden im Kühlschrank ziehen lassen. **Hierbei gilt:** je länger die Zieh-Zeit, desto intensiver der Geschmack!
4. Wenn der kaltgezogene Tee fertig ist, kann man ihn großartig für Smoothies oder Mock- und Cocktails verwenden, oder einfach mit ein paar Eiswürfeln auch pur genießen!

Wer nach dem ultimativen Wach-Rüttler am Morgen sucht, sollte dieses Rezept, mit kalt gezogener Ingwer-Infusion, ColdBrew-Coffee und frisch gepresstem Orangensaft unbedingt ausprobieren!

Der Herstellung von „Infusionen", aber auch zur Verfeinerung mit Sirups und Gewürzen, die den Geschmack verändern und ergänzen, folgen hier noch eigene und ausführliche Kapitel!

🍸 **ColdBrew - mit Vanille-Eis:**
Kennen Sie **„Affogato"**? Das ist einfacher, aber heiß-gebrühter Espresso auf einer Kugel Vanille-Eis!

Aber machen Sie das doch mal mit **kaltem ColdBrew** und einer **Kugel Vanille-Eis**:

Abkühlung und Geschmacksexplosion sind garantiert!

ColdBrew und eine Kugel Vanille-Eis - Lecker!

🍸 <u>ColdBrew „Roland´s Durandal“</u>: ♦

Die Roland-Statue auf dem Marktplatz in Bremen

Die Geschichte dazu: Der heldenhafte Roland, der Recke von Kaiser Karl dem Großen, konnte sich auf sein scharfes Schwert „**Durandal**“ verlassen. Wenn er es aber nicht zur Verfügung hatte, haben ihm seine Knappen eine **Mixtur** zusammengeschüttet, die ihn mit großen Kräften ausstattete und quasi das Schwert ersetzte!

Dieser norddeutsche Wunder-Trank, enthält <u>Sanddorn</u>***

Ein Bremer Getränk

Zutaten :

(für ein Longdrinkglas)

- 4 cl Sanddorn-Likör (oder, in der alkoholfreien Variante: mit Sanddorn-Sirup)
- Tonic-Water
- 6-8 cl ColdBrew aus Kaffee
- 5 Eis-Würfel

<u>Zubereitung:</u>

1. ColdBrew aus Kaffee zubereiten (siehe BASIS-Rezept, oben),
2. die Eiswürfel in ein Longdrinkglas geben,
3. 4 cl Sanddorn-Likör oder -Sirup auf das Eis geben,
4. das Glas zu 2/3 mit Tonic Wasser auffüllen,
5. mit 6-8 cl ColdBrew auffüllen,
6. mit Sanddorn-Beeren oder Minzblatt dekorieren und servieren.

Vorsichtig aufschütten, dann trennt sich das Getränk!

*** ***Sanddorn - „Die Zitrone des Nordens“***

Es ist ein „Ölweiden-Gewächs“, ein sommergrüner Strauch mit Dornen und kleinen Beeren, mit einem hohen Vitamin-C-Gehalt. Der Strauch ist 1-6m hoch und trägt dann nach der Blüte, im August bis Dezember, ovale, orangerote bis gelbe Früchte.
Als **„Wintersteher“** stellen die Früchte für Vögel, wie z.B. den Fasan, in der kalten Jahreszeit eine bedeutende **Nahrungsressource** dar.

Die ursprüngliche Heimat des Sanddorns befindet sich tatsächlich in **Nepal**. Eiszeitliche Verschiebungen führten dann zur weiteren Verbreitung.

In Deutschland wächst der Sanddorn hauptsächlich in Norddeutschland, Niedersachsen, Schleswig-Holstein und Mecklenburg-Vorpommern und auf den deutschen Inseln; speziell auf Rügen habe ich riesige Sanddorn-Hecken gesehen und Sanddorn-Likör genossen!

Aus Sanddorn wird Saft, Öl, Sirup, Marmelade und Gelee, sowie Likör gemacht. Aufgrund schwieriger Erntebedingungen und einer langen Anlaufphase von etwa sechs bis acht Jahren bis zur ersten Ernte, ist Sanddorn ein relativ teurer Rohstoff. Der Geschmack ist leicht süß-sauer!

Sanddorn mit Früchten

🍸 **„ColdBrew-Kaffee-Cacao im Weihnachtskleid“:** ♦ 

Speziell für die Advents- und Weihnachtszeit habe ich ein leckeres Getränk entdeckt, das wir in **Bremen** sogar mit einem **speziellen Ritual** verbinden.

Fast das gesamte Leben ist mit Ritualen durchsetzt. Daher widme ich mich hier auch später ausführlich den sogenannten „Trink-Ritualen“.

Zutaten:
(für 4 Gläser)

30g gemahlener, äthiopischer Kaffee
1 Tasse geröstete Cacao-Nibs
500ml Wasser
4 cl Amaretto, oder Kalúha oder Kaffeelikör, oder Rum
(wer keinen Alkohol mag, nimmt statt dessen einen Spritzer MONIN-Sirup „Makademia-Nuß“)
250ml geschlagene süße Sahne
1 gute Messerspitze Zimt-Pulver
4 kleine dünne ca. 4cm lange Zimtstangen
12 Eiswürfel

Vorbereitung:

1. Das Kaffeepulver und die Cacao-Nips mit kaltem Wasser ansetzen und für 12 Stunden in den Kühlschrank stellen, das wird unser ColdBrew-Mix,
2. nach der Standzeit abfiltern, in eine Flasche füllen und in den Kühlschrank stellen.

Zubereitung :

- in jedes Glas je 3 Eiswürfel legen,
- je eine Prise Zimtpulver in Glas geben,
- je 1cl Likör in jedes Glas geben (oder Sirup),
- jetzt erst die ColdBrew-Kaffee-Cakao-Mischung dazugeben, je 3 fingerbreit,
- mit der Zimtstange umrühren,
- geschlagene Sahne zufügen,
- eine Prise Zimtpulver auf die Sahne streuen,
- fertig!

Zu diesem Getränk gibt es ein „Bremer-Trink-Ritual“:

Jeder einzelne stellt sein Getränk selbst zusammen, so wie oben beschrieben.

Wenn jeder sein Getränk fertig-gestellt hat, dann prostet man sich mit dem Trink-Ausspruch **„Besinnlichkeit“** zu!

🍸 ColdBrew „Bremer Deern“: ♦ 

Zutaten :

(für 2 Gläser)

20 g äthiopischen Kaffee,
frisch und grob gemahlen
200 ml Wasser
4 cl Campari
4 cl roter Wermut
4 cl Gin
1 Bio-Orange
Eiswürfel

Außerdem: French-Press (Siebpress-Kanne)

Die „Bremer Deern"

Zubereitung:

1. ColdBrew ansetzen: Kaffee in eine French-Press füllen, mit 200 ml kaltem Wasser aufgießen und verrühren. Stempel locker aufsetzen. Kaffee mindestens 8 Stunden ziehen lassen. Stempel herunterdrücken.
2. Nach der Standzeit, den ColdBrew abfiltern und in eine Flasche füllen.
3. 2 Tumbler-Gläser (Whiskey-Gläser),
    - mit je 3 Eiswürfeln füllen,
    - je 4 cl ColdBrew-Kaffee,
    - 2 cl Campari,
    - 2 cl Wermut und
    - 2 cl Gin ins Glas gießen und verrühren.
4. Bio-Orange heiß waschen, trocken reiben. Breite Streifen dünn abschälen (nur die Schale), zum Aromatisieren über die Glasränder ziehen und als Deko mit in die Gläser geben.

Dazu das Bremer-Ritual:

Vor dem Trinken fasst jeder seinen linken Nachbarn an eines seiner **Ohrläppchen** und **schüttelt** dieses leicht mit dem Spruch **„Wat een Kerl!“** (auch bei Frauen!)

Und dann erst trinkt man den Cocktail! Prost!

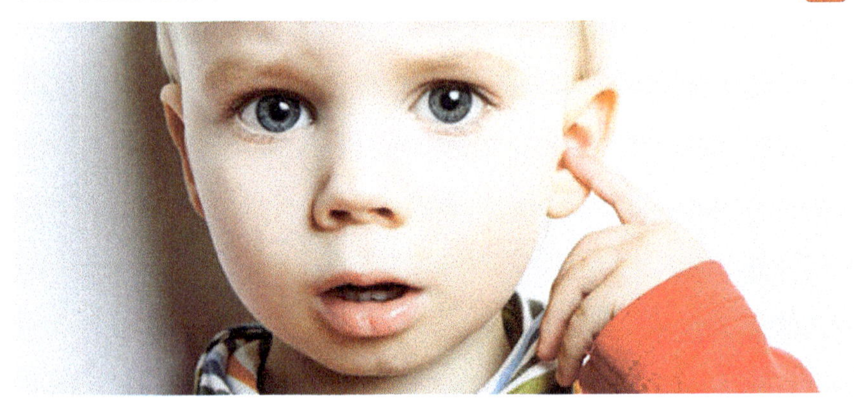

3. Wie lange ist ColdBrew haltbar?

ColdBrew wird immer kalt, also bei Raumtemperatur von ca. 20° Celsius angesetzt. Die Geister streiten sich aber, ob die Standzeit (von ca. 8 Stunden) bei Raumtemperatur oder im Kühlschrank stattfinden soll.
Nach meinen Erfahrungen gibt es bei beiden Methoden keine markanten Geschmacksunterschiede. Soweit zur Herstellung des ColdBrew-Ansatzes!

Im Kühlschrank ist dann der **fertige Ansatz** immer für eine Dauer von mindestens **14 Tagen,** ohne Probleme oder Geschmacksveränderungen haltbar!

Ich habe für mich 2 weitere Methoden herausgefunden:

1. Ich fülle meinen ColdBrew-Ansatz in eine klassische **„Eiswürfelbereiter-Schale“** und stelle diese in meine Gefriertruhe bei -20° Kälte.
   So habe ich schon ColdBrew 10 Monate eingefroren vorgehalten!
   Zur späteren **Zubereitung** nehme ich 2-3 gefrorene ColdBrew-Eiswürfel (je nach Würfelgröße) in ein Whiskey-Glas, gebe ein wenig Zitronensaft und eine halbe Zitronenscheibe ins Glas und fülle es mit Tonic-Water auf – **fertig**!

2. Ich habe meinen ColdBrew-Ansatz auch tiefgefroren, aber in sogenannten **Eiskugel-Beutel (u.a. von Melitta-Toppits, mit Selbstverschluss!)**.

„Selbstverschluss“ heißt, dass man den mit Flüssigkeit gefüllten Beutel auf „den Kopf“ dreht und die Einfüll-Öffnung schließt sich dann automatisch (leider nur meistens und nicht immer, wie man auf meinem Foto unten sieht – ich habe zur Sicherheit eine violette Beutel-klammer benutzt!).

ColdBrew im Eiskugel-Beutel gefroren

Die Würfel sind eigentlich runde, sprich elliptische Eis-Scheiben, teilweise mit braunem Kern und weißem, durchsichtigen und umlaufenden Rand.

Wir haben diese gefrorenen und elliptischen Kugeln „Brown-Eye“ getauft, weil sie wie Augen aussehen. Wenn man Sie in ein Glas mit Tonic-Water wirft, dann fangen sie an „zu tanzen“ und reiten quasi auf den Kohlesäuren-Bläschen des Tonic-Waters, immer auf und ab. Langsam schmilzt auch das „Brown-Eye“ und gibt immer mehr Aromaten an das Getränk ab!
Das ist eine echte Show und ein wirklicher Geschmacksgenuss!

Erst Tonic ins Glas - dann das gefrorene „Auge" ins Glas geben und beobachten, was passiert!

Übrigens:

Zu **Eiswürfeln** und wie man sie bereitet, damit sie **kristall-klar** sind, usw. gibt es auch ein eigenes Kapitel!

So klar können Eis-Würfel sein!

4. Weitere leckere Mix-Getränke

ColdBrew, Orange & Tonic

ColdBrew - mit Orange und Tonic: ♦ **Voraussetzung ist wieder ColdBrew als Mix-Basis.** Die Standzeit sollte 8 Stunden betragen und das erste Ab filtern kann man vereinfachen, indem man eine „Siebpress-Kanne“ (French-Press) einsetzt und drückt einfach den Kaffeesatz dann nach unten weg. Die zweite Filterung macht man wieder über einen Papier-Kaffee-Filter.

Zutaten:
60 ml ColdBrew
100 ml frischer Orangensaft
60 ml Tonic-Water
Orangenscheiben zur Garnitur
Eiswürfel oder Crushed-Ice zum Auffüllen

Summer Chill

Zubereitung: ein Glas mit Eiswürfeln füllen. Erst den ColdBrew und dann den Orangensaft darauf geben. Anschließend mit Tonic auffüllen und mit Orangenscheiben garnieren. **Schmeckt auch sehr lecker mit einem Schuss Gin oder Wodka. Ein toller Sommerdrink!** ♦

ColdBrew Summer Chill:

Zutaten:
60 ml ColdBrew
35 ml Orangensaft
65 ml Tonic-Water
10 ml weißer Rohrzucker

Zubereitung: ColdBrew, frisch gepressten Orangensaft und Rohrzucker in ein Glas füllen und kräftig shaken/durchmixen. Anschließend das Glas mit Tonic-Water auffüllen und mit Eiswürfeln servieren.

🍸 ColdBrew Good Morning Smoothie:

Zutaten: 150 ml ColdBrew
1 mittelgroße, reife Banane
1 EL cremige Erdnuss-Butter
2 EL zarte Haferflocken

Zubereitung: die Banane klein schneiden und mit Erdnussbutter, Haferflocken und ColdBrew in einen Standmixer geben.
Kräftig durchmixen, bis eine cremige Masse entstanden ist.
Smoothie in ein Glas umfüllen und genießen.

Good Morning Smoothie

🍸 ColdBrew Ginger Kick: ♦

Zutaten: 12 cl ColdBrew
15 cl naturtrüben Apfelsaft
2 Spritzer Angostura-Bitters-Likör
2 Scheiben frischer Ingwer
(1-2 cm dick)

Zubereitung: Ingwer im Shaker andrücken. Apfelsaft, ColdBrew und Angostura-Bitters (Likör) dazugeben. Mit Eiswürfeln shaken und über ein Feinsieb in ein Tumbler-Glas mit Eiswürfeln abseihen.

Ginger Kick

🍸 ColdBrew Cherry Choc:

Zutaten: 10 cl ColdBrew
7 cl Sauerkirsch-Nektar
1,5 cl Schokoladen-Sirup

Zubereitung: Alles zusammen gut shaken und über Crushed-Eis in ein Glas füllen.

Cherry Choc

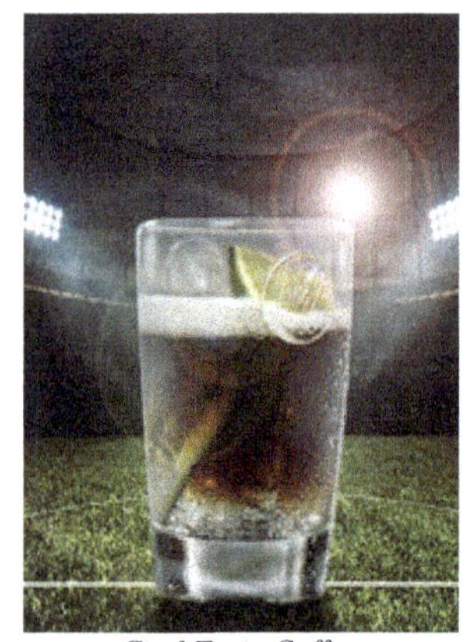

Gin&Tonic-Coffee

🍸 **ColdBrew Turbo G&T**: ♦

Zutaten: 40 ml Gin
100 ml Tonic-Water
60-80 ml ColdBrew

Zubereitung: den Gin zusammen mit dem Tonic-Water über Eiswürfel in ein Glas geben und mit dem ColdBrew Kaffee über einen Löffel auffüllen. Mit Gurkenscheibe und Limetten-Scheibe garnieren.

Tonic Summer

🍸 **ColdBrew Tonic Summer**:

(Zutaten für 4 Gläser)

Zutaten: 1 Bio-Orange
2 Stiele Minze
400 ml ColdBrew
60 ml Orangensaft
400 ml Tonic Water

Zubereitung: Gläser zur Hälfte mit Eiswürfeln und Orangenscheiben füllen. Je 100 ml ColdBrew und je 5 ml Orangensaft zugießen. Mit je 100 ml Tonic-Water aufgießen. Mit Minze-Blättchen verzieren.

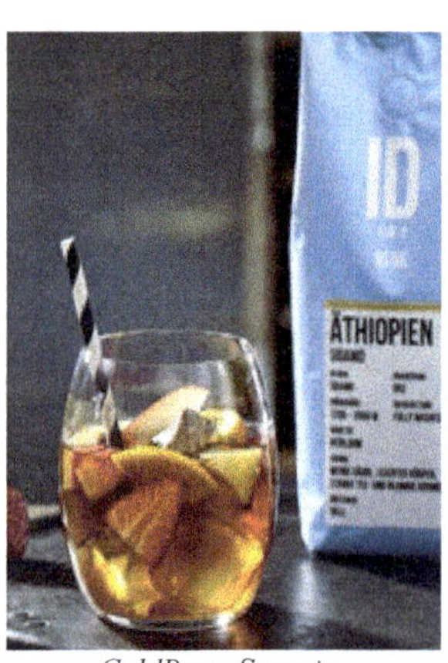

ColdBrew-Sangria

🍸 **ColdBrew Sangria**:

(Zutaten für 5 Gläser)

Zutaten: 100 g Erdbeeren
1 Bio-Orange
1 Apfel
1 Liter ColdBrew
Rohrzuckersirup
Eiswürfel

Zubereitung: Kleingeschnittene Erdbeeren, Apfelstücke und Orangenfilets in ein Bowle-Gefäß (ca. 1,5 l Inhalt) geben. Mit ColdBrew aufgießen. 2–3 Stunden kaltstellen. Eiswürfel in Gläser geben. ColdBrew-Sangria in die Gläser gießen und nach Belieben mit Sirup süßen.

🍸 **ColdBrew Rum Sour:** ♦

(Zutaten für 4 Gläser)

Zutaten: 400 ml ColdBrew
80 ml brauner Rum
120 ml Zitronensaft
40 ml Darboven J.ay-J.ay`s Coffee Flavor Vanille, oder Ähnliches (ua. von **Monin**)
125 g Brombeeren
1 Bio-Zitrone
Eiswürfel, Holzspießchen

Rum Sour

Zubereitung: ColdBrew, Rum, Zitronensaft und J.ay-J.ay`s Coffee Flavor Vanille verrühren. Kaltstellen. Brombeeren und Zitronenscheiben abwechselnd auf Holzspießchen stecken. Gläser mit Eiswürfeln füllen. Fruchtspieße in die Gläser stellen und mit ColdBrew Rum Sour auffüllen. Drinks mit übrigen Brombeeren verzieren und sofort servieren.

🍸 **ColdBrew Scottish Coffee:** ♦

(Zutaten für 1 Drink)

Zutaten: 40 ml ColdBrew
20 ml schottischer Whiskey
mehrere Eiswürfel

Zubereitung: Eiswürfel ins Glas geben und mit ColdBrew Coffee und Whiskey auffüllen.

Scottish Coffee

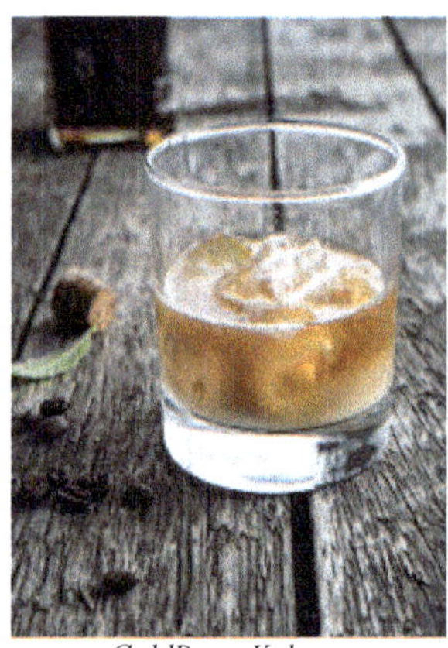
ColdBrew-Kokos

🍸 **ColdBrew mit Kokos:**

Zutaten: 140 ml „Alpro Kokosnussdrink For Professionals“ (AKFP),
1 Esslöffel fein gemahlener Filterkaffee
200 ml Wasser und 2–3 Eiswürfel

Zubereitung: für die Zubereitung des ColdBrews einen Clever-Dripper oder eine French-Press verwenden. Bei Gebrauch des Clever- Drippers erst den Filter einsetzen und dann den Kaffee einfüllen. Bei der French-Press wird der Kaffee anschließend noch mit einem Papierfilter filtern.

Kaffee mit kaltem Wasser aufgießen, bis er gut bedeckt ist. Kaffee 12 Stunden bei Zimmertemperatur ziehen lassen und in eine Flasche füllen. Eiswürfel in ein Glas geben, ColdBrew und „AKFP“ zufügen, dabei 3/5 Kaffee/ColdBrew und 2/5 „AKFP“ einfüllen.

Die letzten 10 Rezepte oben sind entnommen aus :
„fizzz –GASTRO.CULTURE.NOW!“ - Das Fachmagazin für Trend- und Szenen-Gastronomie -
https://www.fizzz.de/blog/im-fokus-10-leckere-cold-brew-rezepte

5. Interessante ColdBrew-NITRO-Rezepte

Sie kennen den Sahne-Bereiter, mit dem man frische Sahne mit einer SO_2-Patrone (Stickoxid/ Lachgas, nicht CO_2) zum „Sahne-Schaum“ aufschäumt?

Soda-Bereiter (CO_2) älterer Sahne-Bereiter iSi-Espuma-Bereiter. Das ist meine Sammlung an Soda-, Sahne- und Espuma-Bereitern!

Schon meine Mutter war bereits vor 45 Jahren stolze Besitzerin eines solchen Sahne-Bereiters (mittleres Bild). Diese Geräte haben sich im Laufe der Zeit, gerade im Profi-Küchenbereich, einen festen Platz erobert. Heutzutage ist als Produzent solcher professioneller Geräte das österreichische „**Unternehmen iSi**“ sehr aktiv und verschickt unregelmäßig einen interessanten Newsletter mit Tipps und Rezepten. Bei Interesse erhalten Sie Informationen darüber über die **iSi-Internetseite** https://www.isi.com/kulinarik/produkte/detail/product/gourmet-whip/ .

In einem der letzten Newsletter waren tatsächlich ColdBrew-Rezepte und Cocktails beschrieben, die sich mit dem „iSi-NITRO-Bereiter“ herstellen lassen.

Ehrlicherweise ist das natürlich nicht nur ein Sahne-Bereiter, sondern im Küchen-Bereich lassen sich damit auch warme (!) und kalte und besonders leckere „**Espumas**“ herstellen.

Das sind „**Schäume**“, also „luftige Leckereien“, mit denen man Gourmet-Gerichte ergänzt und verfeinert. Mehr über **Espuma-Rezepte** findet man u.a. auf der Chefkoch-Internetseite https://www.chefkoch.de/rs/s0/Espumas/Rezepte.html und natürlich auch auf anderen guten Rezept-Seiten im Internet.

Auch das Unternehmen **iSi** hat inzwischen für ihren neuen **NITRO-Espuma-Bereiter (1 Liter Größe)** das Kultgetränk „ColdBrew" entdeckt und zeigt folgende Rezepte, die ich (natürlich unter Wahrung des Urheberrechts) hier beschreibe.

Also: der Ideengeber- und Urheber der folgenden Rezepte ist die Firma iSi in Wien. Aufgrund der Behältergröße sind alle der folgenden Rezepte auf 1 Liter bezogen).

Der iSi-NITRO-Bereiter ersetzt quasi das Tonic-Water und das So2-Gas (über die Druck-Patrone) erzeugt eine leckere, schaumige Krone!

Mein Tipp: zur Kühlung im Sommer gehören in jedes Getränk mindestens 2 Eiswürfel oder auch eine Kugel Vanille-Eis.

🍸 NITRO-Coffee pur:

Zutaten: 1 Liter kaltes Wasser,
80g äthiopischer Kaffee,
grob gemahlen (klassischer ColdBrew-Ansatz)

Zubereitung: Wasser und gemahlenen Kaffee ansetzen, und mindestens 8 Stunden im Kühlschrank lagern. Anschließend durch einen Kaffee-Filter abseihen, abfiltern.

Dann ColdBrew in den iSi-NITRO füllen, den Behälter, mit einer „Druckpatrone" füllen, 8 mal den Behälter schütteln und damit ein Glas füllen, Eiswürfel dazu – fertig!

NITRO-Espresso-Wodka:

Zutaten: 600ml ColdBrew
60ml Kahlúa
(mexikanischer Kaffee-Likör)
120ml Wodka
30ml Vanille-Sirup

Zubereitung: alle Zutaten mixen und durch ein **Sieb** und einen Trichter in den iSi-Nitro-Behälter füllen, dann den Behälter mit einer „Druckpatrone“ füllen, 8 mal den Behälter schütteln und damit ein Glas füllen, Eiswürfel dazu – fertig!

NITRO-Cucumber & Gin:

Zutaten: 250ml Gurkenwasser
250ml Kokoswasser
20ml Gin
20g frischen Ingwer gerieben
20ml Limettensaft
250ml ColdBrew-Tea

(ColdBrew-Tea aus grünem Tee: Zubereitung und Beschreibung siehe unten im Kapitel über „ColdBrew aus Tee“.

Zubereitung: Alle Zutaten mixen und durch ein Sieb und einen Trichter in den iSi-Nitro Behälter füllen, dann den Behälter mit einer „Druckpatrone“ füllen, 8 mal den Behälter schütteln und damit ein Glas füllen – fertig!

Der Hersteller von Bar-Sirups „MONIN," hat aktuell zusammen mit iSi 3 neue NITRO-ColdBrew-Rezepte entwickelt. Die finden Sie hier!

🍸 NITRO-Cherry:

Zutaten: 1 Liter ColdBrew aus Kaffee
100ml MONIN-Sirup-Sauerkirsche

Zubereitung:
75 g äthiopischen Kaffee mittelfein gemahlen, mit
1 Liter kaltem Wasser bei Raumtemperatur ansetzen – laut ColdBrew-Basis-Rezept.
Nach 20 Stunden durch einen Kaffeefilter durch ein feines Sieb passieren, 100 ml **MONIN Sirup Sauerkirsche** zusammen mit dem Kaffee in den iSi Nitro Whip füllen. Eine iSi Nitro Kapsel aufdrehen, 5-6 mal kräftig schütteln, in ein Glas füllen.

🍸 NITRO-Hazelnut:

Zutaten: 1 Liter ColdBrew aus Kaffee
100ml MONIN-Sirup-Geröstete-Haselnuß

Zubereitung:
75 g äthiopischen Kaffee mittelfein gemahlen mit
1 L kaltem Wasser bei Raumtemperatur ansetze – laut ColdBrew-Basis-Rezept.
Nach 20 Stunden durch einen Kaffeefilter und das iSi Sieb passieren, 80 ml **MONIN Sirup Geröstete Haselnuss** zusammen mit dem Kaffee in den iSi Nitro Whip füllen. Eine iSi Nitro Kapsel aufdrehen,
5-6 mal kräftig schütteln, in ein Glas füllen.

🍸 NITRO- Lavendel-Cherry:

Zutaten:
1 Liter ColdBrew aus Kaffee
100ml MONIN-Sirup-Le Fruit Cherry
10 ml MONIN Sirup Lavendel
160 ml Sodawasser

Zubereitung: 1 Liter ColdBrew-Coffee in den iSi Nitro Whip füllen (Fertigprodukt oder zubereiten wie oben beschrieben) 50 ml ColdBrew Coffee auf Eiswürfel in ein Tumblerglas geben, 30 ml Monin Le Fruit Cherry und 10 ml MONIN Sirup Lavendel ins Glas geben. 160 ml Sodawasser on Top und anschließend umrühren.

Ein herrlich erfrischender Energy-Drink!

Mein iSi-NITRO- Sahne/Espuma-Bereiter,
1 Liter Volumen - mit einem Glas leckeren NITRO-ColdBrew!

6. Wo gibt es ColdBrew schon „trink- und mixfertig"?

Als ich das erste Mal im Frühjahr 2015 mit ColdBrew in Berührung kam, war es noch ein in Europa relativ unbekanntes Getränk und war eigentlich nur der Cocktail-Mixer-Gilde bekannt. Fertig hergestelltes ColdBrew gab es damals nur in den Vereinigten Staaten.

Das hat sich aber schlagartig im letzten Jahr geändert: wie die Pilze sind Unternehmen in den USA, aber auch in Europa gewachsen, die fertig abgefülltes ColdBrew aus Kaffee zum Kauf anbieten.

Und natürlich hat auch die Gastronomie „ColdBrew" für sich entdeckt. „Starbucks" und auch die „Café-Division **von McDonald´s"** waren wohl der ersten gastronomischen Betriebe, die in Deutschland ColdBrew-Coffee auf ihrer Speisekarte angeboten haben.

Leider erfährt man selten bei diesen Fertigprodukten:

- aus welchem Kaffee (Anbaugebiet) der Ansatz besteht,
- wurde wirklich nur 100% Arabica und KEIN Robusta-Kaffee verwendet,
- bei welchem Röstgrad, Röstzeit und Röst-Temperatur hat die Röstung stattgefunden,
- wie lang war die Standzeit des Ansatzes, das Spektrum kann von 8 bis zu 20 Stunden dauern,
- wie viel Kaffee-Mahlgut in Gramm hat man für 1 Liter Wasser genutzt,
- wie steht es mit etwaig enthaltenen Konservierungsmitteln,
- wie lang ist die Haltbarkeit im ungeöffneten Gefäß im Kühlschrank.

Daher kann ich nur daher nur empfehlen, den ColdBrew-Ansatz immer frisch und selbst herzustellen! Der Aufwand ist gering und der Geschmack überragend!
Der Vollständigkeit halber, möchte ich hier, die heute aktuellen Fertigprodukte, in einer kleinen Auswahl) vorstellen.

Die wenigen deutsche Produkte

StöK/Danone **lycka** **KaffeeTSCHI** **KARACHO** **Mövenpick**

andere Produkte (eine Auswahl)

7. Wie wird „ColdBrew aus grünem Tee" hergestellt

ColdBrew lässt sich auch aus grünem Tee herstellen und wie wir das oben bei der Zubereitung aus Kaffee erfahren haben, schmeckt kalt-gebrühter grüner Tee völlig anders, als wir das von konventionell heiß-gebrühtem Tee kennen.

für ColdBrew-Kaffee und Tee-Blätter nutzbar

Dabei kann man je nach Rezept **grünen Tee als Teeblätter (Sencha-Tea)** oder aus **Matcha (Teepulver)** ansetzen und es versteht sich von selbst, dass dieser Tee möglichst Bio-Qualität aufweisen sollte. Fragen danach Sie unbedingt Ihren Tee-Händler oder den Verkäufer in einem ONLINE-SHOP im Internet!

auch grüner Tee aus biologischem Anbau

Generelles zu grünem Tee

- Grüne Tee-Blätter dürfen **nie mit kochendem Wasser** aufgebrüht werden. In Japan hat man früher Personen, die das nicht beherzigt haben, hart bestraft. Bei den hohen Temperaturen würden die Aromaträger (u.a. das Alkaloid „Tein" u.a.) in den Blättern zerstört. Die Brüh-Temperatur darf also maximal 75 Grad Celsius betragen.

keine Tee-Eier benutzen

- Bei grünem Tee kommen die Blätter in die Kanne, die bei guter Qualität, nach dem Aufsaugen des heißen Wassers richtig groß werden können. **Sie brauchen daher viel Platz zum Entfalten**. Das schlimmste „Gefängnis" für Tee sind daher die sogenannte „Tee-Eier", weil sich die Blätter nicht entfalten lassen.

- Man kann diese grünen Teeblätter bis zu **6 Mal** in der Kanne wieder mit heißem Wasser **aufgießen** und bei jedem Aufguss verändert der Tee sehr angenehm seinen Geschmack.

- Damit der Tee nicht bitter wird, nimmt man auf 0,7Liter Wasser nur **ca. 7,5 Gramm Tee-Blätter** und natürlich schüttet man erst die noch trockenen Blätter in eine Kanne und dann erst das Wasser. **Tee-Messlöffel** gibt es oft kostenlos im jedem guten Teeladen (Tee-Gschwendner, Tee-Handelskontor, Paul-Schrader & Co., Ronnefeldt-Tee etc.).
- Je nachdem, wie lange man Tee brüht (ob heiß, oder kalt wie hier zur ColdBrew-Tea-Herstellung) ist das Aufputschmittel im Tee, das **„Tein“**, chemisch total identisch mit **„Koffein“**. Das Tein braucht nur etwas länger zur Entfaltung seiner aufputschenden Wirkung (im Darm) und die Wirkung dauert auch länger, als beim Koffein aus Kaffee.

Green-Tea-ColdBrew mit Tee-Blättern (Sencha)

🍸 **BASIS-Rezept „ColdBrew-Tea“ aus Tee-Blättern:**

Zutaten: 1Liter Wasser
20g loser grüner Tee
(das sind ca. 2 Teelöffel bis 2 Esslöffel, je nach Teesorte)

Zubereitung: Teebeutel oder losen Tee mit 250ml kochendem Wasser aufgießen und ca. 5-10 Minuten ziehen lassen. Anschließend mit 750ml kaltem Wasser auffüllen und mindestens 12 Stunden kalt stellen. Danach durch einen Kaffee-Filter abseihen, d.h. abfiltern.

ColdBrew-Sencha-Tea mit kaltem Wasser:

Diese Methode des Kaltbrühens wird in Japan als **Mizudashi** (水水し) bezeichnet und es dauert eine Weile, bis der Ansatz gezogen ist (Standzeit) - **mindestens drei Stunden** werden empfohlen. Der Vorteil dieser Methode ist jedoch, dass sie für jede Sorte von grünem Tee gut geeignet ist. Tatsächlich schmecken sogar billigere, grüne Tees normalerweise ausgezeichnet, wenn sie mit kaltem Wasser gebraut werden.**Verwenden Sie für die Zubereitung von Tee mit dieser Methode ein bis zwei Teelöffel Teeblätter pro Liter Wasser.**

Für eine schnelle und bequeme Alternative können Sie auch normale Grüntee-Beutel verwenden. Legen Sie die Teeblätter in einen großen Behälter oder **Kyusu**. Ein Kyusu (急急) ist eine traditionelle japanische Teekanne, die hauptsächlich zum Aufbrühen von grünem Tee verwendet wird. Geben Sie dann das Wasser hinzu, decken Sie den Behälter ab und stellen Sie ihn in den Kühlschrank, um ihn ziehen zu lassen.

Wenn Sie fertig sind, schwenken Sie den fertigen Topf vor dem Trinken leicht oder rühren Sie ihn um, da sich das stärker aromatisierte Sediment während des Brühens am Boden absetzen kann. Nehmen Sie den Tee (oder den Teebeutel) aus der Kanne – fertig!
Mein Tipp: nehmen Sie einen großen Leer-Teebeutel, den Sie in jedem Tee Geschäft bekommen können, bestücken den Beutel mit IHREM Tee und legen Sie diesen „Teebeutel“ in die Kanne.

🍸 **ColdBrew-Sencha-Tea mit Eis:**

Dies ist ein weiterer einfacher Weg, um kalt gebrühten Tee zu zubereiten. Der Vorteil dieser Methode ist, dass ein Tee mit einem sehr leichten, delikaten Geschmack entsteht. Diese Einweichmethode eignet sich am besten für hochwertige Tees, die von Natur aus sehr aromatisch sind.

Um kalt aufgebrühten grünen Tee mit Eis zuzubereiten, geben Sie ein bis zwei Teelöffel loser Teeblätter in Ihre Kanne oder Ihren **Kyusu** (japanische Teekanne). Dann füllen Sie in den **Rest der Kanne** mit **Eiswürfeln** auf und lassen sie ungestört stehen.

Wenn das Eis geschmolzen ist, ist Ihr Tee trinkfertig!

Wenn Sie keinen **Kyusu** (oder irgendeine andere Kanne) verwenden, filtern Sie die Blätter ab durch einen Papier-Kaffee-Filter, bevor Sie den Tee servieren.

🍸 **ColdBrew-Sencha-Tea cooling hot tea:**

Kaltbrauen kann ein langwieriger Prozess sein. Wenn Sie jedoch ungeduldig sind, Ihren Tee zu trinken, können Sie einfach kurz eine Tasse heißen grünen Tee aufbrühen und ihn dann mit Eis abkühlen.

Diese Methode eignet sich gleichermaßen für lose-blättrigen Tee und aber auch Teebeutel.
Beachten Sie jedoch, dass das Eis den Tee zusätzlich verwässert.

Vielleicht möchten Sie Ihren Tee daher stärker machen, als Sie es normalerweise tun würden.

Dann sollten Sie versuchen, die Menge der verwendeten Teeblätter zu verdoppeln, oder verwenden Sie zwei Teebeutel anstelle von einem.

🍸 ColdCream-Sencha-Tea „Green Ginger“:

Zutaten:

(für 1 Liter ColdBrew Green Ginger)

12 g Japan Sencha (grüner Tee)
1 Zitrone
1 Orange
Ingwer
beliebig viele Eiswürfel

Zubereitung:

1. Füllen Sie 12 g vom Sencha (ca. 5 gehäufte TL) in eine Flasche/Wasserkrug und gießen die Teeblätter mit 1 Liter kaltem Wasser auf.
2. Lassen Sie den Tee ungefähr 6 Stunden im Kühlschrank ziehen.
3. Eine Stunde vor Ziehzeit-Ende können Sie ein bisschen frischen Ingwer reiben und in den Tee geben. In der Zwischenzeit können Sie auch schon die Zitrone und die Orange in dünne Scheiben schneiden.
4. Wenn Ihr Tee die gewünschte Intensität erreicht hat, gießen Sie ihn durch ein Sieb ab und geben die Scheiben hinzu. Für einen frischeren und süßeren Geschmack können Sie noch Saft von einer Zitrone und einer Orange hinzugeben.
5. Zum Servieren füllen Sie ein Glas mit beliebig vielen Eiswürfel und gießen mit dem ColdBrew auf.

Ein leckerer ColdBrew Sencha-Tea Green Ginger

Hinweise zum Kaltbrauen mit Tee-Blättern

Werfen Sie diese Teeblätter nicht weg, nachdem Sie eine Kanne mit kalt gebrühtem grünem Tee zubereitet haben.

Kyusu-Kanne aus Japan

Die meisten Teeblätter können mehrmals verwendet werden (siehe oben), **insbesondere wenn Sie kein heißes Wasser verwenden.** Denken Sie jedoch daran, dass Ihre zweite Kanne Tee möglicherweise einen leichteren Geschmack hat als die erste. Wenn Sie ein **Kyusu** verwenden, filtert es den Loseblatt-Tee für Sie. Wenn nicht, können Sie den Tee durch ein Leinentuch, oder einen Papierfilter oder ein feinmaschiges Sieb passieren, um die Blätter zu entfernen.

Oder Sie nutzen eine **Ronnefeldt Kippkanne** aus weißem Porzellan. In der Kanne ist ein Porzellan-Sieb und wenn Sie die Kanne auf den Rücken legen, werden die Teeblätter vom Wasser umflossen.

Die Ronnefeldt Kipp-Kanne

Stellen Sie aber die Kanne auf, und gießen den Tee in eine Tasse, dann trennen sich in der Kanne die Teeblätter vom Wasser quasi automatisch. Diese Kanne wurde 1935-1953 von Rosenthal entwickelt und produziert. Heute gibt es diese Kippkanne neu nur bei Ronnefeldt-Tee selbst zu kaufen! Ich besitze eine Kipp-Kanne und benutze Sie auch oft, für heiß-, aber auch für kalt-gebrühten Tee!

Der **Hario-Tree-Tropfer** eignet sich hervorragend zur Herstellung von ColdBrew-Tea. Oben füllen Sie Teeblätter und Wasser ein (hier kaltes) und nach Ihrer gewünschten Standzeit drücken sie den Knopf zum Trennen von Tee-Blättern und Wasser.

Hario-Tee-Tropfer

Manche Leute brauen auch gerne zwei Chargen Tee mit den gleichen Blättern und mischen sie dann zusammen. Die verschiedenen Geschmacksrichtungen der beiden Brühen, ergeben zusammen eine „geschmacklich abgerundete“ Tasse Tee.

Experimentieren Sie mit Ihren Tee-Sorten, um zu sehen, was Ihnen am besten gefällt.

Wenn Sie es ganz einfach machen wollen, dann können Sie sogar **Fertig-ColdBrew-Tea sogar in Tee-Beuteln** kaufen, in diesem Fall sogar mit Pfirsich und Passionsfrucht.

ColdBrew aus grünem Tee-Pulver, aus „Matcha"

Das ist Matcha - Pulver aus grünem Tee

Oben habe ich beschrieben, wie man ColdBrew-Tee aus grünen Teeblättern (**Sencha**) bereitet.
Das geht auch aus **grünem Tee-Pulver, also aus Matcha** und das Pulver wird bei der japanischen Tee-Zeremonie, nach dem ersten kleinen Aufguss mit heißem Wasser, mit einem kleinen Babus-Besen schaumig geschlagen.
Die japanischen **Zen-Mönche** nutzten diese sehr detaillierte und vom Ablauf vorgeschriebene Tee-Zeremonie, um während ihrer anschließenden Meditation länger wach und hochkonzentriert zu bleiben. Auch die **Samurai-Krieger** haben diese Zeremonie übernommen.
Matcha wird aus den Blättern der Teepflanze **„Tencha"** gewonnen und wirkt ähnlich wie Guarana, Brahmi oder Ginzeng. Sie wächst auf großen Teeplantagen in China und Japan. Vier Wochen vor der Ernte werden die Pflanzen mit licht-undurch-lässigen Matten aus Bambus bedeckt. Dies fördert die Bildung von Chlorophyll, ein natürlicher, grüner Pflanzenfarbstoff, der in den Blättern gebildet wird und führt zur unverkennbaren grünen Farbe.
Die Tencha-Blätter werden vor der Verarbeitung getrocknet, so bleiben die wichtigen Inhaltsstoffe erhalten. Matcha wird in China für Matcha-Tee und Süßspeisen wie Eis oder Kuchen verwendet. Schon früher wurde die Verwendung von Matcha-Tee, als Alternative zu Kaffee, Energie-Drinks oder chemischen Aufputschmitteln entwickelt.

Sie forschten auch nach möglichen Nebeneffekten, jedoch ohne Ergebnis und mit der Erkenntnis, dass Matcha ausschließlich positive Effekte auf den menschlichen Organismus hat. Ein Meilenstein und Beginn der traditionell chinesischen Medizin.

Matcha - Der natürliche Extrakt und seine Effekte

Dank des uralten Zen-Wissens und den Erfahrungen aus der TCM (Traditionellen Chinesischen Medizin) konnte eine effektive Alternative zu süßen Energie-Drinks entwickelt werden.

Der Matcha Tee enthält viel mehr Koffein als herkömmliche Kaffeebohnen. Der Effekt von Koffein aus Matcha entfaltet sich erst im Darm. Deshalb tritt der Frischekick später ein – das Koffein hält jedoch länger. Koffein-Extrakt aus der Kaffeebohne wirkt hingegen schnell und stark – dafür aber nicht sehr lange.

Neben Koffein enthält Matcha, ähnlich wie Guarana, Eisen, Kalzium und Vitamin A, B und E. Der Vorteil gegenüber chemischen Substanzen liegt daher auf der Hand: Matcha ist ein effektives **Superfood**! Natürliche Substanzen, wie Matcha, Guarana oder Brahmi, weisen, anders als illegale Aufputschmittel, keinerlei Nebeneffekte auf.

Die natürlichen Inhaltsstoffe des Matcha sollen sogar positive Effekte auf viele bekannte, neuzeitliche Volkskrankheiten haben. Doch wie lässt sich Matcha in die Ernährung integrieren ohne täglich literweise Matcha-Tee trinken zu müssen? Nahrungsergänzungsmittel mit Matcha Extrakt können hier die Lösung sein.

Wir können also das grüne Tee-Pulver auch zur Herstellung von **Matcha-ColdBrew-Tea** einsetzten. Natürlich sollte der Matcha-Tee aus biologischem Anbau und ohne chemische Behandlung gezogen sein. **Matcha ist grüner Tee der allerhöchsten Qualität.**

Wir nutzen z.B. **„Suki Tea Bio Japanese Matcha“** und da kosten 100g ca. 30Euro! Das ist dann ein von **Hand gemahlener Bio Matcha**: im Schatten gewachsen und mit Steinen in der traditionellen Form handgemahlen.

Matcha lässt sich aber auch hervorragend für ColdBrew-Tea einsetzen, was die nächsten Rezepte zeigen.

🍸 Matcha-ColdBrew-Honey-Tea:

Eine schöne heiße Tasse Matcha-Grüntee schmeckt bei kaltem Wetter sehr gut, aber wie sieht es aus, wenn es heiß hergeht? Dieses Rezept für Eistee kombiniert den erdigen Geschmack von Matcha mit der Süße von Honig und der Frische von Minze und sorgt so für eine unschlagbar erfrischende Abkühlung, die auch für die heißesten Tage perfekt ist. Das geht sogar mit einer Mischung aus Matcha-Pulver und Sencha-Blättern (siehe Foto oben).

CordBrew-Ansatz mit Matcha und (!) Senso-Blättern

„So liebe ich Matcha am meisten! Sie benötigen nur ein Einmachglas zum Mixen der Zutaten und fertig ist Ihr super erfrischender Sommerdrink. Wer mehr Geschmack möchte, mixt alle Zutaten zusammen - das funktioniert auch wunderbar in größeren Gefäßen für mehrere Gäste, und man fügt zum Beispiel Zitronengras, etwas Jasmin-Tee, Limetten oder Minze hinzu. Im Kühlschrank über Nacht abgekühlt, schmeckt er kurz durchgeschüttelt und eiskalt serviert am besten."

Zutaten: 1 TL Matcha-Pulver
250 ml Wasser
1 Teelöffel Honig
1 Zitrone (zum Garnieren)
Minze (zum Garnieren)

Utensilien: ein größeres Einmach-Glas
mit Verschluss (zum Schütteln)

Matcha, Honig, Zitrone

Zubereitung Schritt 1:
Matcha-Pulver und Wasser in ein Einmachglas geben. Kurz verrühren, den Honig dazugeben und erneut verrühren. Das Glas mit dem Deckel zuschrauben und schaumig schütteln, oder bis das Pulver sich vollständig aufgelöst hat.

Zubereitung Schritt 2:
Eiswürfel in ein Glas geben. Matcha-Tee in das Glas gießen, mit Zitrone und Minze garnieren und eiskalt genießen.

Nährwerte pro Portion:

kcal.	Eiweiß	Fett	Kohlenhydrate
22	1g	0g	4

🍸 **Matcha ColdBrew-Lime-Tea:**
Kalter Tee? Die Zubereitung von Tee in kaltem Wasser oder Eis kann zu fantastischen Ergebnissen führen. Zum ersten Mal in Asien, vor allem in Japan, bekannt, werden **„kalte Biertees“ (**** Erklärung s.u.) im Land als erfrischendes Mittel während der feuchten Sommermonate serviert. Eines der interessanten Dinge an kaltem Brühtee ist, dass ein ganz anderer chemischer Prozess stattfindet, als bei heißem Wasser.

Höhere Temperaturen „ermutigen die Blätter“, ihre vielen Verbindungen und potenziell bitteren Substanzen schneller freizusetzen.

Aber der Kaltbrüh-Prozess offenbart eine völlig neue Welt von weichen, süßen, grasigen Aromen mit einem reichen Geschmack.

Sie können einen Cocktail-Shaker für dieses Rezept verwenden oder einfach ein Glas mit einem gut verschlossenen Deckel nutzen.

Zutaten : (pro Glas)

1,5 Tee-Löffel Matcha
1 Limetten-Scheibe
eine handvoll frische Minze
Quell-Wasser
etwas Eis
1 Tee-Löffel Zucker

Zubereitung:

1. Matcha in eine Schüssel sieben und mit etwas Quellwasser aufgießen.

   Geben Sie einen guten Schneebesen, bis es schön glatt und ohne Klumpen ist und gießen Sie es in das Glas.

   Fügen Sie die Minz-Blätter, die Limetten-Scheibe und den Zucker hinzu (wenn Sie es auf der süßeren Seite mögen und mischen Sie alles gut durcheinander.

2. Füllen Sie mit den Eiswürfeln etwa 2/3 des Glases, schrauben Sie den Deckel fest und schütteln Sie ihn mindestens 10 Sekunden lang gut.

3. Nehmen Sie den Deckel ab und füllen Sie das Gefäß mit Quellwasser auf. Umrühren und mit frischer Minze und Limette garnieren.

🍸 **Matcha-Mint-Julip-Teecocktail:** ♦
Suchen Sie ein kaltes Gebräu mit ein bisschen Alkohol? Sie können diesen o.g. geschüttelten Tee ganz einfach in einen „**Matcha Mint Julep-Teecocktail**" verwandeln:
geben Sie einfach einen Schuss Bourbon-Whiskey in den Matcha, sowie Minzblätter und eine Limetten-Scheibe.

Matcha Mint Julep-Teecocktail und ein Schuß Whiskey

🍸 **Matcha, Minze, Limette und Gurke:** ♦
Perfekt für heiße Sommernächte. Sie wundern sich? Doch das passt und schmeckt wunderbar, denn die Geschmackszusammenstellung harmoniert wirklich.

Selbst ein Spritzer **Gin** oder **Wodka** passt noch dazu.
Nur Mut, sie werden belohnt werden! ♦

Zutaten: 1/4 Teelöffel Suki Tea Matcha
1 Zuckerstick oder ein Teelöffel Zucker
Mineralwasser.
Eiswürfel, Minzblätter / Limette / Gurkenstreifen.

Zubereitung:
Zucker und Matcha in ein 400 ml Glas geben und mit einem Spritzer heißem Wasser mixen.

Eiswürfel hinzufügen, Großzügig gerollte Minz-Blätter, ein Viertel ausgepresste Limetten und Gurkenstreifen hinzufügen, mit Mineralwasser auffüllen.

🍸 ColdBrew-Matcha-Rosen-Latte:
Ein ColdBrew-Matcha-Rosen ist eine **Infusion** (ein Aufguss, wird später hier erklärt)) aus Rosen-Wasser, Rosenblättern und Hibiskus-Blättern und Milch. Statt einer eigenen Infusion, kann man auch eine fertige Tinktur aus Rosen und Hibiskus benutzen/einsetzen, das als Mix-Getränke-Zusatz angeboten wird.

Alles was sie brauchen ist ein Shaker oder eine Flasche/ein Gefäß mit Verschlussdeckel und großer Öffnung, zum herzhaften Schütteln!

Was ich verwendet habe, um diese ColdBrew-Matcha-Rosen-Latte zu machen - Vorbereitungen:

- **Rosen-Hibiskus-Konzentrat**
  Eine einfache Abkürzung, um dieses Getränk zuzubereiten, anstatt Rosenwasser und Hibiskus zu brauen.
- **Essbare Rosenblätter**
  Bringt das Getränk mit den Blütenblättern auf ein anderes Geschmacksniveau.
- **Eiswürfel (groß und klein)**
- **Milch (jede Art)**
- **Cocktail Shaker oder Weithalsflasche/Gefäß mit Deckel**
  Dies ist ein Muss, um Matcha mit Eis auf einfache Weise zuzubereiten.
- **Matcha**

Beim Matcha-Kauf gibt es oft zwei Möglichkeiten: Sie können es zu einem günstigen oder auch zu einem höheren Preis kaufen.
Oft reicht hier die günstigere Möglichkeit!

Zubereitung:
(für 2 Gläser)

1. ein Tasse Milch in das Gefäß, oder den Shaker füllen,
2. 2-3 TL Rosen-Hibiskus-Konzentrat in den Shaker füllen,
3. kräftig schütteln,
4. in das Trink-Glas einen großen Eiswürfel legen und den Shaker-Inhalt darauf kippen,
5. mit jeweils 50 ml grünen ColdBrew-Matcha in das Glas füllen,
6. essbare Rosen und/oder Hibiskus-Blüten zur Deko darüber streuen und fertig!

Matcha - Rosen - Latte

8. ColdBrew aus „Cascara“

Kaffee und grünen Tee, als Basis für ColdBrew, habe ich oben beschrieben. Wenn man beides „quasi zusammenpackt“, dann entsteht **Cascara**! **Aber langsam, denn das muss ich erklären!**

Kaffee-Kirschen am Kaffee-Strauch

Kaffee wächst an am Kaffee-Busch, als Frucht in Form einer **roten „Kirsche“ und die besteht aus Hülle, Fruchtfleisch und dem eigentlichen Kern.** Diese „Kaffee-Kirschen“ werden überwiegend von Hand geerntet.
Das Ursprungsland der Kaffeepflanze ist wahrscheinlich Nordafrika, genauer Äthiopien. Sie gelangte im 15. Jahrhundert nach Arabien, wo die Bohnen geröstet und Kaffee getrunken wurden. Später wurde die Pflanze auch in Lateinamerika angebaut und abgeerntet. Erst im 17. Jahrhundert brachten die niederländischen Kaufleute die Kaffeepflanze nach Asien, genauer nach Indonesien, speziell nach Java. Kaffee heißt daher in den USA auch umgangssprachlich „a hot Java“.
Nach der Lese/dem Ernten werden die Kaffeekirschen im Freien zum Trocknen ausgebreitet. Die Kirschen müssen nun regelmäßig gewendet werden, sodass sie von allen Seiten gut trocknen können. Dieser Prozess kann drei bis fünf Wochen dauern.
Anschließend lösen Maschinen durch sanften Druck und Reibung die Kerne aus dem Fruchtfleisch heraus.

1. Trockenverfahren zur Trennung

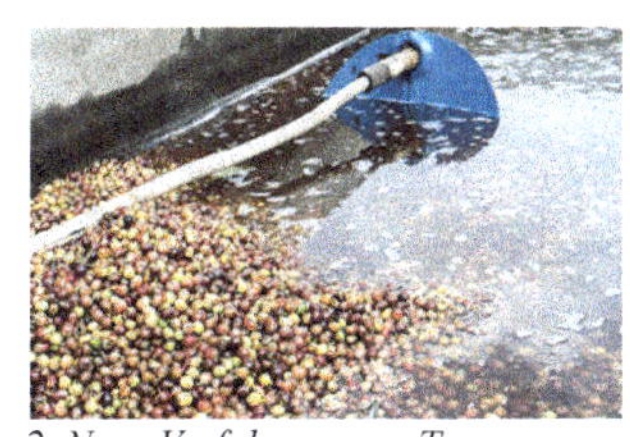

2. Nass-Verfahren - zur Trennung

Die Bohne wird gewaschen

Grüner Rohkaffee und fertig für den Export und die Röstung

Alternativ kann man Hülle und Fruchtfleisch vom Kern per Naß-Verfahren lösen.

Geröstete Kaffee-Bohnen

Der Kern der Kaffee-Kirsche ist unsere ungeröstete Kaffee-Bohne und die ist erst mal weiß und wird nach dem Trocknen grün.

Das getrennte und dann auch getrocknete Fruchtfleisch der Kaffeekirsche, heißt Cascara. „Cáscara" heißt im spanischen „Hülle".

Fruchtschalen "Cascara" - gerade frisch geschält

Das getrennte Fruchtfleisch ist eigentlich Abfall, oder oft auch Viehfutter. Es wird aber auch in Südamerika als „Cascara" getrocknet und dann dort als Tee verwendet.

Die Verarbeitung erfolgt vor Ort. Als dann später der Kaffee-Export begann, tranken die Einheimischen weiterhin den Aufguss aus den Schalen, weil er viel preiswerter als Bohnenkaffee war.

Gebrauchsfertiger und getrockneter Cascara

So entstand schließlich die Bezeichnung **„Cascara ist der Kaffee für arme Leute"**. Auch heute ist Cascara immer noch etwas preiswerter als Kaffee. Weniger auf- und anregend, ist er deshalb noch lange nicht, denn Cascara hat reichlich Koffein!

Cascara - wie Sie ihn hier kaufen und verwenden können

In einigen Kaffee-Anbauländern in Mittel- und Südamerika ist Cascara **schon seit langem Nationalgetränk.** In Nicaragua wird das bernsteinfarbene Getränk auch als **„Coffeetea"** bezeichnet.

Cascara als Getränk wird normalerweise als Heißgetränk gebrüht.

Die Zubereitung als **heißer Tee** ist denkbar einfach: Je nach Sorte gießt man etwa fünf Esslöffel mit einem Liter 95 Grad (!) heißen Wasser auf und lässt ihn mindestens vier Minuten ziehen. Im Gegensatz zu Tee ist die Brühzeit nicht so penibel einzuhalten.
Je länger Cascara zieht, desto intensiver der Geschmack.
"Man lässt die Schalen einfach in der Kanne, dort setzen sie sich dann sowieso ab". Danach genießt man ihn entweder als Heißgetränk, oder fügt Eiswürfel oder Kaltgetränke dazu.

Aber sogar kalt lässt er sich ansetzen, also als ColdBrew-Cascara!

Cascara hat geschmacklich mit Kaffee nicht viel gemeinsam.
Der Tee schmeckt süßlich, fruchtig mit erdigen Noten begleitet von Hibiskus, Hagebutte, Kirsche, Tabak und Johannisbeere.
Je nach Kaffeesorte geben die **Schalen auch feine Geschmacksnoten von Honig und Orange ab.**

Cascara erobert erst seit wenigen Jahren immer mehr Pubs, Bars und Coffeeshops in Deutschland.
Die getrocknete Kaffeekirsche wird als heißes oder auch kaltes Aufgussgetränk angeboten.

Trinkfertiges Cascara
von der Kölner Brauerei „Gaffel"

In einem Glas Cascara steckt sechs- bis achtmal mehr Koffein (!) als in einer Tasse Kaffee.
Das Koffein/Tein wirkt langsamer, aber auch länger, als beim Kaffee!

CASKAI-Cascara, versetzt mit Fruchtsäften
- Leider z.Zt. nur in den USA erhältlich! -

Seit 2015 wird das koffeinhaltige Erfrischungsgetränk in Hamburg und in Berlin in einigen Cafés angeboten.
In Berlin wurde auch ein Verfahren zur Herstellung einer **Limonade** im **ColdBrew-Verfahren** entwickelt und seit 2016 produzierte die **Kölner Privatbrauerei Gaffel** die Limonade ***„Cascara Sparkling“***, die mit verschiedenen Bio-Säften und Kohlensäure versetzt ist (ansonsten brauen sie KÖLSCH!)

Getrockneter „Cascara-Tee“ kann inzwischen in einigen Tee-Onlineshops bestellt werden! Z.B. gibt es bei AMAZON das folgende Angebot:
Cascara Kaffeekirschentee aus 100% BIO-Arabica Kaffeekirschen, 130g,
Preis ca. 9,00 € (bei Gratis-Lieferung)

Basic-Cascara ColdBrew:

Cascara ColdBrew

Zutaten:
20 g Cascara (für 2 Portionen)
(ca. 4 Esslöffel für 4 Portionen)
500ml kaltes Wasser

Zubereitung: Cascara mit Wasser übergießen/auffüllen.
Über Nacht (10-12 Std.) im Kühlschrank kalt stellen und am nächsten Tag gekühlt genießen.

Vor dem Servieren über ein Sieb gießen, um den Cascara zu entfernen und mit Eiswürfeln servieren.

Wem der Cascara-ColdBrew noch nicht süß genug ist, der kann ihn zum Beispiel mit Ingwer-Zitronen-Sirup verfeinern. Einfach 2 Esslöffel mit in das Glas geben, umrühren und genießen!

Cascara-Ingwer-Turf mit Sahne:

Zutaten:
(für ein Glas)

> 4 cl Cascara (laut Basis-Rezept),
> ein daumengroßes Stückchen frischen Ingwer,
> 100ml frische süße Sahne,
> eine Messerspitze Zimt-Pulver,
> 3 Eiswürfel.

Zu diesem Getränk gibt es ein „Bremer-Trink-Ritual“:

„Turf“ heißt übersetzt auch **„Rasen“** und im folgenden „überziehen wir das innere eines leeren Glases“ mit dem Saft eines frischen Ingwers-Stückchens, wir legen quasi einen **„Ingwer-Rasen“ an**!

Zubereitung:

1. **zuerst der Ingwer-Turf:**
das noch leere Glas mit dem feuchten Ende des Ingwer-Stückches sorgfältig ausreiben,
Schale teilweise entfernen,
2. dann das Ingwer-Stückchen in das Glas legen,
3. die 3 Eiswürfel in das Glas,
4. eine Prise Zimt-Pulver in das Glas geben,
5. die 4cl Cascara dazugeben,
6. langsam und vorsichtig die flüssige Sahne mit dazu schütten, so dass „Wölkchen" entstehen, etwa so, wie im Ostfriesischen Tee-Zeremoniell – also bitte nicht rühren!

   fertig!

ColdBrew in der amerikanischen Gastronomie

Bei **STARBUCKS** in den USA gibt es schon ColdBrew aus Kaffee im normalen Getränke-Angebot und das erfreut sich größter Beliebtheit!

Inzwischen gibt es dort ein 2. Kultgetränk: man hat ColdBrew-Kaffee mit **CASCARA-Schaum** kombiniert. Dazu wird dem **ColdBrew aus Kaffee, ein Schaum aus Cascara-Vanille-Sirup** zugegeben.

Fertig hergestellten Cascara-Sirup kann man kaufen und den benötigt man auch, um den leckeren Schaum herzustellen!

Den Sirup gibt es übrigens auch in verschiedenen anderen **Geschmacksrichtungen!**

Wenn wir den Cascara-Sirup besorgt haben, machen wir das natürlich alles selbst! Hier das Rezept!

🍸 IONIC-Cold-Foam-CASCARA ColdBrew:

Zutaten: ColdBrew aus Kaffee (fertig angesetzt)
Milch (1,5% Fett)
Cascara-Vanille Sirup (! *****)
Eiswürfel

Zubereitung:

- **Schritt 1: Machen Sie ColdBrew**
Machen Sie etwas ColdBrew aus Kaffee und filtern Sie nach 8 Stunden die Flüssigkeit ab (wie unter oben Basic-Cascara-ColdBrew beschrieben),
- **Schritt 2: Machen Sie den Cascara-Kaltschaum**
    - 30g „Iconic-Cascara-Vanilla“ (*****),
    - mit ca. 120g Milch (2% Fett) in eine französische Sieb-Presskanne (French-Press) geben.
    - Pumpen Sie schnell die Presse, um Ihrer Milch viel Luft hinzu zufügen. Dadurch entstehen Blasen und Sie erhalten einen seidigen Schaum, der mit leckerer Vanille und Noten von herben Kirschen gewürzt ist
(ich nutze IONIC-Sirup s.u.).
- **Schritt 3: „Bauen“ Sie Ihr Getränk.**
Schütten Sie ColdBrew in ein Glas mit genügend Platz, um den Schaum hinzufügen zu können. Den Schaum vorsichtig darüber löffeln.
- **Schritt 4:** Garnieren Sie Ihr Getränk mit ein wenig braunem Rohzucker.
- **Fertig – hier ist er:**
der „Iconic-Cold-Foam-CASCARA ColdBrew

***** *Wo gibt es den Mix-Sirup?*

Zum Beispiel bei AMAZON:

1. Fa. IONIC-Coffee Collection , Cascara-Vanilla, 0,5l, ca. 18€ (die Menge reicht für ca. 17 Mixgetränke)
2. Fa. Starbucks CASCARA-Sirup, 1l, ca. 25€
3. Fa. Da Vinchi, Vanille, 1l, 8,50€
4. Fa. MONIN, Vanille, 0,7l, 7,30
5. Fa. Heirloom Coffee LLC, Cascara Fruit Syrup, 0,7l , 22€

(Preise Stand Oktober 2019)

1. 2. 3. 4. 5.

Ich habe noch ein eigenes Kapitel hier beschrieben, das sich nur mit Frucht- und Mix-Sirups, Gewürzen und Aromen beschäftigt!

🍸 Cascara-ColdBrew-Limonade:

Auch das habe ich ausprobiert: die Cascara-Limonade war erfrischend und fruchtig. Durch das Tonic-Water und die fruchtige Zitrone, wird der Eistee besonders erfrischend.
Der Cascara-ColdBrew selber enthält bereits eine natürlich Süße. Doch ist der zusätzliche Geschmack von süßlicher Agave in der Sommer-Limonade einfach unschlagbar (siehe Zubereitung).

Zubereitung: (1 Liter gesamt)

- 1 Liter Cascara-ColdBrew zubereiten (so wie im Basis-Rezept beschrieben),
- 1 Esslöffel Agaven-Dicksaft im Saft einer halben Bio-Zitrone und einer halben Bio-Orange verrühren,
- Cascara und Zitrus-Agaven-Saft mit 250 ml Tonic aufgießen.
- Auf Eis servieren und genießen – fertig!

Wer den herb-fruchtigen Geschmack von Orangen besonders schätzt. kann noch ein wenig Orangen-Zeste (Orangen-Abrieb einer BIO-Orange!) vor dem Servieren auf das Eis legen.

🍸 ColdBrew-Arnold Palmer - green tea and lemonade: ♦

Ein Getränk nicht nur für Golfer! Das ist ein Mischgetränk, das aus ColdBrew-Cascara und Limonade besteht. Es wurde nach dem berühmten Golfer Arnold Palmer (†2016) benannt.

♦ Eine Variante des Getränks mit Alkohol, üblicherweise Wodka, wird **John Daly** genannt.

Die Geschichte

Laut Arnold Palmer, mischte er sich das Getränk immer zu Hause und bei den U.S. Open 1960 im Cherry Hills Country Club in Denver bestellte er es öfters. Eine in der Nähe sitzende Frau bekam das zufällig mit und bestellte daraufhin „that Palmer drink", woraus sich der Name ableitet.

Zutaten:

(für 6 Palmers,
Sirup für 18 Getränke)

1 Liter Wasser
40g Cascara
180 ml Zitronensaft, gesiebt
(ca. 4-5 Zitronen, eine davon Bio)

300 g Zucker
Prise Salz
prickelndes Mineralwasser

Zum Servieren: 1 Minz-Zweig
1 Zitronenscheibe
3-4 Eiswürfel

🍸 **Zubereitung des „Palmer-Zitronen-Sirups“:**
Cascara mit Wasser übergießen/auffüllen. Über Nacht im Kühlschrank kalt stellen. Dann Cascara entfernen und bis zur **Verwendung in den Kühlschrank stellen.** ColdBrew-Cascara ist also im Ansatz fertig.

Jetzt den Sirup herstellen:

1. Eine Zitrone (mit unbehandelter Schale) fein mit einem Messer oder Sparschäler abschälen (ohne den weißen Teil) bzw. abreiben, anschließend die anderen Zitronen auspressen.
2. Zitronensaft und -schale mit Zucker und Salz vermengen und erhitzen.
3. Unter Rühren 2 Minuten köcheln lassen – der Zucker soll vollständig aufgelöst sein. **Den Sirup samt Zitronenschale abkühlen lassen, dann durch ein Sieb gießen und bis zur Verwendung kühl stellen.**
   Der Sirup reicht für insgesamt drei Liter Tee.

Zubereitung des Drinks:

Pro Glas: 2 EL Zitronensirup mit 4 EL Mineralwasser mischen.
160 ml kalten Cascara-Tee mit der Zitronenlimonade mischen.
Wem das Getränk zu wenig süß ist, gibt noch etwas Sirup dazu.
Mit Eiswürfeln, einer Scheibe Zitrone und frischer Minze servieren.

Arnold Palmer hat seinen Drink immer sehr vorsichtig eingegossen, so dass sich Mineralwasser, Sirup und Tee in „Schichten“ im Glas aufteilten!

Genau so muss ein Cascara-Arnold-Palmer aussehen!

9. ColdBrew, aus Edel-Cacao

Der Cacao-Baum mit den "Beeren-Früchten"

Cacao kennen wir eigentlich nur noch als leicht lösliches, meist sehr zuckerhaltiges Pulver, wie „Nesquik“. Oder als schwer-lösliches und oft als leicht bitteres Cacao-Pulver, als Bestandteil von Back-Rezepten.

Beides ist eigentlich kaum genießbar!

Die gute Nachricht für Schokofans: Es gibt jetzt auch Cacao, der nach dem ColdBrew-Prinzip zubereitet wird!

Die Beeren-Früchte

Cacao liefert der ca. 15m hohe Cacaobaum, der an der afrikanischen Elfenbeinküste und in Südamerika wächst.

Die geöffnete Beere mit den noch weißen Cacao-Bohnen

Seine „Frucht“ ist eigentlich eine große Beere von 15-20cm, darin 30-60 große Samen-Kerne und die werden aus dem schmackhaften Fruchtfleisch, der Beere herausgelöst, getrocknet und auf Bananen-Blättern fermentiert. Nach der Trocknung und der Röstung, werden die Kerne, also zu „Cacao-Bohnen“, die dann zu Stückchen zerschlagen, zu sogenannten „Cacao-Nibs“.

Geröstete Bohnen und Cacao-Pulver

Gemahlen werden diese zu Pulver und daraus wird das Cacao-Getränk hergestellt.

Aber auch Cacao-Butter wird wegen des großes Fettgehaltes der Nibs, daraus gewonnen und z.B. in der Kosmetik-Industrie verarbeitet. Und natürlich wird auch Schokolade aus Cacao-Pulver hergestellt.

Cacao-Nibs - zerstoßene Cacao-Bohnen

Schon vor 3000 v. Chr. haben die Azteken die Pflanze kultiviert und verarbeitet.
Teilweise haben sie den Saft des Fruchtfleisches der Beeren zu alkoholischen Getränken vergoren.

Für die Ureinwohner Mittelamerikas war Cacao eine heilige Pflanze. Sie nannten auch das eigentlich bittere, aber erregende Cacao-Getränk „die Speise der Götter". Die Bohnen waren lediglich kirchlichen und staatlichen Oberhäuptern und Kriegern vorbehalten. Krieger hatten auf ihren Märschen immer einen Leinenbeutel um die Hüfte gebunden, mit Cacaobohnen darin.

Die Azteken bereiteten das als ***„Xocolatl"*** bekannte Getränk aus Cacao, Chilli, Vanille und Honig zu. Schon damals war bekannt, dass roher Cacao Kraft gibt – er enthält wichtige Nährstoffe und versorgt mit gesunden Fetten, Proteinen, Ballaststoffen und ein paar Kohlenhydraten den Körper mit nachhaltiger Energie. Aus dem o.g. Azteken-Namen ist auch das Wort **Schokolade** entstanden!

Das ***"braune Gold"*** galt als so luxuriös, dass es auch von den Azteken und den Mayas sogar als **Zahlungsmittel** verwendet wurde.

Die Mexikaner hielten die Cacaobohne für heilig und nur dem Adel war es erlaubt, diese Bohnen zu konsumieren. Der Legende nach waren sie ein Geschenk des **Gottes *Quetzalcoatl* - dem Gott des Windes!**

Cacao ist ein echtes "Super-Food"!

Nun enthält Cacao **Vitamine A, C, D, B6 und B12, Magnesium, Kalzium** und einige interessante und gesunde „**Antioxidantien**“.
Aber auch psychotrope Substanzen, wie z.B. „**Theobromin**“, ein Stimulantium, das früher sogar als Medikament „zur Aktivitätssteigerung von Herz und Kreislauf“ eingesetzt wurde. Zudem hat Cacao auch **Koffein**, **Natrium** und **Kalium**. Nach den neusten Forschungen ist bewiesen, dass Cacao sogar die **Libido** erhöhen kann, denn Roh-Cacao kann im Körper die **Testosteron-Produktion** steigern.

Roher Cacao wirkt sich positiv auf den gesamten Organismus aus: Er stärkt das Herz, sorgt für eine gute Durchblutung und senkt den Blutdruck. Er fördert die Hirnfunktion und erhöht die Reaktions- und Konzentrationsfähigkeit!

Spannende Fakten rund um Cacao und Schokolade

- Heutzutage wird der meiste Cacao in Westafrika und Indonesien angebaut und nicht mehr nur in Südamerika, wo er ursprünglich herkommt.
- Am 07. Juli ist „internationaler Tag der Schokolade“.
- Die allererste Tafelschokolade wurde 1847 von der britischen Firma Fry & Sons hergestellt.

Macht Schokolade glücklich?

Im Cacao ist tatsächlich das Glückshormon **Serotonin** enthalten, allerdings nur in sehr geringen Mengen. Um aber einen tatsächlichen Effekt zu spüren, müsste man wahrscheinlich kiloweise Schokolade essen. Das Glücksgefühl kommt vermutlich eher durch den süßen Geschmack. Eine spürbare Wirkung verursacht sicherlich auch das in der Cacaobohne vorhandene **Theobromin, der starken psychotropen Stimulanz – und das ist eigentlich eine Droge!**

Früher hat man aus **Theobromin** sogar Medikamente zur Reglung des Blutdrucks und der Herzfrequenz hergestellt.
Aber diese Medikamente sind nicht mehr am Markt!

Bei unserem **ColdBrew-Cacao** handelt es sich aber darüber hinaus auch nicht um die Art von Cacao, die man normalerweise kennt.
Hier wird kein Cacao-Pulver verwendet, sondern Cacao-Nibs – das sind die gesplitterte Cacao bohnen und zwar überwiegend aus Edel-Cacao-Sorten!

Die intensiv schokoladigen Nibs sind beliebt in Gebäck, in der Rohkostküche, auf Smoothie-Bowls oder in Müsli und werden als **Superfood** gehandelt – enthalten sie doch wertvolle Inhaltsstoffe, wie oben aufgezählt.

Weiterer Vorteil: Cacao-Nibs gelten, genau wie Schokolade, als natürliches Antidepressivum. ColdBrew-Cacao ist also das ideale Getränk, um auch in der dunklen Jahreszeit die gute Laune zu behalten. Wahrscheinlich ist es das Theobromin, das eine sehr anregende und euphorisierende Wirkung hat, es ist so ähnlich, wie das Koffein, nur eben viel stärker!

Wo kann man Cacao-Nibs kaufen?

Cacao-Nibs findet man mittlerweile nicht nur in Reformhäusern und Bio-Fachgeschäften, sondern in fast jedem gut sortierten Supermarkt um die Ecke (und inzwischen sogar bei ALDI-NORD als Cacao-Nips von „Trader Joe´s“ aus Peru, und steht dort bei den Backwaren!)

🍸 BASIS-ColdBrew-Cacao:

Zutaten:

(für 1 Glas)
1 ½ Tassen geröstete Cacao-Nibs
1 Füllung Wasser für die French-Press
1 Teebeutel
Sahne und Milch nach Belieben
Eiswürfel

Zubereitung:

1. Die Cacao-Nibs mit einem Mörser mahlen (nur grob – sie müssen nicht zu Pulver werden).
2. Nun die fein gemahlenen Cacao bohnen in den leeren Tee-beutel füllen. Diesen verschließen und in Ihre French-Press geben.
3. Das Behältnis bis zum Rand mit kalten Wasser auffüllen und nun circa 16 Stunden bei Raumtemperatur ziehen lassen! Die dabei entfalteten Aromen geben dem Getränk ein ganz neues Geschmackserlebnis!
4. Nun, wie auch bei Kaffee gewohnt, den Beutel pressen und dann entfernen!
5. Füllen Sie den ColdBrew-Cacao nun in einen Becher Ihrer Wahl, geben Sie Eiswürfel hinzu und verfeinern Sie das Getränk mit Schlagsahne, Milch oder einer Zutat Ihrer Wahl!
6. **Fertig ist Ihr Trendgetränk für die Abkühlung an heißen Tagen!**

Der (ursprünglich leere) Teebeutel hier im Rezept dient nur dazu, später die zerstoßenen Nibs wieder einfach aus der French-Press heraus zu holen!

🍸 ColdBrew-Cacao mit Zimt,Vanille und Sirup:

Zutaten:
125g Cacao-Nibs
375ml Wasser, kalt
1 Prise Zimt
1 Prise Bourbon-Vanille
1 TL Kokosblüten-Sirup

Zubereitung:

1. Die Cacao-Nibs im Mörser grob zerstoßen und in einen Teebeutel füllen.
2. Den Teebeutel in eine French-Press geben und mit frischem, kalten Wasser aufgießen. 16 Stunden ziehen lassen.
3. Den fertig gezogenen Cacao in ein Glas umfüllen und die Gewürze, also Zimt, Vanille dazugeben.
4. Nach Belieben mit Kokosblüten-Sirup süßen!

Tipp: Wer den Cacao heiß trinken möchte, gießt die Mischung mit heißer Milch oder einer Milchalternative auf (wer es mag nimmt Hafermilch oder Sojamilch).

🍸 **Azteken- Cacao mit Gewürzen:**
Zutaten:

- 300ml heißes Wasser (!!!)
- 2 TL Bio- Cacao
- 1 TL Bio-Honig oder Stevia
- jeweils eine Prise:
    - Salz
    - Pfeffer
    - Ingwer-Pulver
    - Chili, fein gemahlen
    - Koriander-Pulver
    - Vanille-Pulver oder Vanille-Sirup (ungesüßt)
    - optional: 1 TL Kokosöl/MCT-Öl

Zubereitung:

1. Wasser erhitzen und in eine ausreichend große Tasse geben.
2. Die o.g. Inhaltsstoffe hinzufügen.
3. Gut umrühren, ich empfehle einen Milchschäumer oder eine French-Press (Roh-Cacao ist ansonsten sehr schwer löslich).
4. Etwas abkühlen lassen und dann 2-3 Eiswürfel hinzufügen, um aus dem Heißgetränk ein wirklich erfrischendes Kaltgetränk zu machen.

Das lässt sich natürlich auch ganz klassisch mit Nips bereiten, die Sie vorher für 12 Stunden in kaltem Wasser eingelegt haben, nutzen Sie dann diesen ColdBrew-Cacao-Ansatz. Es bietet sich hier allerdings 0,5 Liter kaltes Wasser und 150g Cacao-Nibs für eine Menge von 2 Standard-Tassen!

🍸 **ColdBrew- Cacao mit ColdBrew-Kaffee-Mix:**

Die Cacaobohne sieht der Kaffeebohne nicht nur zum Verwechseln ähnlich. Sie wird auch, ähnlich wie die Kaffeebohne, durch Rösten und Mahlen verarbeitet.

Warum also nicht kombinieren?

Cacao mit Kaffee gilt mittlerweile als Spezialität in vielen Ländern der Welt. Das als **"Café Mocca"** (oder Mocha) bezeichnete Getränk wird mit einem Drittel Espresso, einem Drittel Cacao und einem Drittel geschäumter Milch zubereitet.

Und natürlich kann man auch ColdBrew-Kaffee und ColdBrew-Cacao mixen – machen Sie mal einen Versuch!

Wem das noch nicht genug ist, kann auch gerne noch Sprühsahne darüber sprühen oder statt „Wasser-Eis-Würfel" eine Kugel Vanille-Eis nehmen!

Probieren Sie es doch mal aus – es schmeckt superlecker!

10. Was brauche ich an Ausrüstung, um ColdBrew aus Kaffee, Tee oder Cacao herzustellen?

Alles, was man an Anfang braucht, um ColdBrew herzustellen finden Sie eigentlich in jedem Haushalt:

- Eine **Küchen-Waage** zum abwiegen der Kaffee- oder Tee-Menge,

- einen **Messbecher** für das Wasser,

- eine **große Schüssel** oder ein großen Gefäß, um ColdBrew anzusetzen (Kaffeemehl und Wasser, oder Teeblätter oder Tee-Pulver). Schüssel oder Gefäß sollten aber in Ihren Kühlschrank passen,

French-Press

- ein **sauberes Küchen-Handtuch** aus Baumwolle, um die Schüssel abzudecken, aber auch um nach der Standzeit, das erste große Ab-Filtern zu gewährleisten, **oder eine French-Press** (Press-Stempelkanne), eventuell auch ein **größeres feines Sieb,**

- einen klassischen **Melitta-Hand-Kaffee-Filter**, um die 2. Fein-Filterung mit einem Papierfilter durchzuführen,

Der klassische Filter, entwickelt von Frau Melitta Benz in Minden

- eine **verschließbare Flasche** oder ein verschließbares Gefäß, für den fertigen ColdBrew und zur Lagerung (im Kühlschrank)!

Wer will, kann sich aber mit allerlei „Spezialgeräten“ zur Herstellung von ColdBrew eindecken und da gibt es natürlich schon interessante Geräte. Im Bereich der **Barista** (der Kaffee-Spezialisten und -Zubereiter) und der professionellen **Cocktail-Mixer-Gilde** sind viele Kaffee-Bereiter für heiß- und auch für kalt-gebrühten Kaffee verbreitet.

Viele der Geräte eignen sich auch, um ColdBrew-Tee herzustellen. Inzwischen kann man sogar im Kaufhaus **KARSTADT** dieses Equipment bewundern und auch kaufen.

Diese Geräte gibt es bei ***Karstadt*** *und bei fast jedem gut sortierten Küchenausstatter!*

11. ColdBrew, IceBrew, ColdDrip-Kaffee/-Tee - und wo liegt der Unterschied?

Neben der hier beschriebenen ColdBrew-Methode gibt es auch das IceBrew- und auch das ColdDrip-Verfahren.

Beim **IceBrew-Verfahren** brüht man den Kaffee „**heiß**" (z.B. im Melitta-Filter), also erst mal ganz klassisch. Man lässt ihn aber in der Kanne **auf eine handvoll Eiswürfel** laufen.

Damit wird der heiß gebrühte Kaffee **schlagartig** an den Eiswürfeln abgekühlt und die ganze Flüssigkeit ist kalt und alles läuft bei Raum-Temperatur.

IceBrew - heißer Kaffee tropft direkt auf Eis und erkaltet

Beim **ColdDrip-Verfahren** wird dagegen **eiskaltes Wasser tröpfchenweise** in ein Gefäß mit frisch gemahlenem Kaffeepulver gegeben, und zwar über einen Zeitraum von mehreren Stunden. Man sagt: so 2 Tropfen Eiswasser pro Sekunde ist ein guter Weg.

Auf diese Weise werden die **Aromen und Öle des Kaffees <u>sanft extrahiert</u>**. Auch dieses Verfahren läuft bei Raumtemperatur. Das Resultat ist ein sehr aromatisches **Kaffeekonzentrat**.

Für **ColdDrip** existieren auch die Begriffe: **SlowDrip** und **DutchDrip,** aber alle beziehen sich auf das oben beschriebene Verfahren!

ColdDrip-Kaffee schmeckt etwas stärker und aromatischer, als klassischer ColdBrew, bei gleicher Wasser- und Kaffee-Menge (80-100g Kaffee auf 1 Liter Wasser)! Nach dem „Tropf-Akt" ist die Basis fertig für Mixgetränke!

12. „Kaffee-Gewürze" – auch für ColdBrew

Im Orient, aber auch in den Niederlanden, wird der klassisch heiß-gebrühte Kaffee oft mit Gewürzen vermischt und damit im Geschmack verändert. Die Niederländer trinken zur „**Koffietijd**" gerne diesen „**Kaffee verkehrt**"!
Arabischer-Kaffee wird üblicherweise ungesüßt getrunken, aber auch mit einer Vielzahl aromatischer Gewürze verfeinert.

Neben **Kardamom**, **Zimt**, **Nelken** und **Muskatnuss. Vanille** und **Safran** und **Rosenwasser** können auch zum Würzen des arabischen Kaffees verwendet werden. Fertig gemixtes Kaffee-Gewürz duftet süß und würzig nach Kardamom, Zimt, etc., **Pfeffer** bringt einen Hauch Schärfe.

Das **Kaffee-Gewürz**, oder auch Cacao-Gewürz, ist auch perfekt geeignet, um **heiß-gebrühten Filterkaffee** und andere Kaffeespezialitäten wie Latte Macchiato und Cappuccino noch belebender zu machen und ihnen eine überraschende, exotische Note zu verleihen.

Natürlich kann man auch ColdBrew-Kaffee und auch ColdBrew-Cacao mit sogenannten „Kaffee-Gewürzen" verfeinern. Das Kaffee-Gewürz am besten zunächst sparsam dosieren und bei Bedarf, für mehr Aroma, etwas nachwürzen.

Bei einigen Gewürzhändlern gibt es fertige Kaffee-Gewürz-mischungen – ohne Konservierungsmittel und Geschmacksverstärker versteht sich.

Die Gewürz-Manufakturen, wie Fuchs, Ostmann, Bamboo Garden, über Schuhbecks-Gewürzen, bis hin zum Bremer-Gewürzhandel – alle bieten sogenanntes **Kaffeegewürz** an zum Verfeinern von Kaffee und Cacao.

Welche (pulverisierten) Gewürze („spices“) sind für Kaffee und Cacao nutzbar:

Kardamom (grün)

Muskatnuss

Pedang-Zimt

Madagascar-Pfeffer

Gewürz-Nelken

Vanille-Pulver

Lebkuchengewürz

Caramel

Piment

Ingwer

Stern-Anis

Cacao-Pulver

Safran

Rosenwasser

gemahlene Mandeln

Ringelblumen-Blüten

auch Alkoholika kann man zum Verfeinern nehmen
(immer in Maßen):

Cognac **Rum** **Amaretto** **Whiskey** **Wodka** **Gin**

Kaffee-Gewürz selber herstellen

Zutaten:

10 Stück Kardamom grün
5 cm Zimtstange
10 Stück Gewürznelken
5 Stück Pimentkörner
5 Stück Pfefferkörner schwarz
0,5 TL Vanillepulver
0,5 TL Muskat
oder 0,25 Muskatnuss

Zubereitung:

1. Alle Zutaten (außer Vanille und Muskat) in einen Mörser oder eine Küchenmaschine geben und fein mahlen.
2. ALTERNATIV können auch alle Zutaten in bereits pulverisierten Form genommen werden. Kardamom, Zimt und Nelken jeweils 1 TL; Piment und Pfeffer jeweils 0,5 TL.

Für ColdBrew-Tea kann man folgende Gewürze einsetzen:

Ingwer	**Pfefferminze**	**Apfelminze**	**Vanille**
Moringa-Blätter	**Zitronengras**	**gemahlene Mandeln**	**Granat-Apfel**
Mango-Stückchen	**Apfelstücke**	**Rosen-Knospen**	**Sonnenblumen-Blüten**
Milch	**Honig**	**Färberdistel-Blüten**	**Kornblumen-Blüten**

Grüner Tee mit „Zugaben"

Allgemein gilt natürlich für die Kaffee-, Tee- und Cacaogewürze:

1. nicht jeder mag jedes Gewürz,
2. nie mehr als 1 Gewürz gleichzeitig dazu mixen, und gleich den Geschmack probieren,
3. **VORSICHTIG:** immer nur kleinste Mengen nutzen (z.B. maximal eine kleine Messerspitze oder eine kleine Prise), denn das Gewürz soll nie im „Geschmacksvordergrund“ stehen, das jeweilige Getränk soll seinen originären Geschmack schon irgendwie behalten!
4. **ALSO: probieren geht über studieren!**

13. Welche flüssigen Aromen nehme ich für ColdBrew

Für die Bar-Mixer gibt es viele **Frucht-Sirups** (z.B. von **Fruttamax**) und zum anderen ausgewogene **Bar-Sirups** (z.B. von **Monin**).
Diese Sirups kann man fast alle, auch für ColdBrews einsetzen!

Bar-Sirups

Das Besondere am **Bar-Sirup** ist, dass er besonders intensiv im Geschmack und sehr lange haltbar ist. Dies entsteht durch den hohen Zuckergehalt (!) und durch das Einkochen von frischen und handverlesenen Zutaten.

Bar-Sirups von MONIN als Geschmackszusatz

Konzentrierter und dickflüssiger **Bar-Sirup** eignet sich für Speisen, wie Kuchen, Obstsalate und Eiscreme, sowie für Cocktails, Tee, Cacao und Kaffee oder für Sahne, um Ihre Produkte mit Barsirup zu aromatisieren, zu süßen und zu verfeinern. Daher finden Sie natürlich schmeckenden Sirup in Küchen, an Bars, in Restaurants und in Cafés.

Klassische Zusatz-Geschmacksstoffe für Kaffee von z.B. MONIN sind unter anderem:
Caramel, Macadamia-Nuß, Cookie, French-Vanilla, weiße Schokolade, geröstete Haselnuss.

Frucht-Sirups

Einige FRUTTAMAX Frucht-Sirups

Frucht-Sirups (z.B. von **FRUTTAMAX**) sind überwiegend auf Fruchtgeschmacksnoten, wie Erdbeere, Heidelbeere, Himbeere, Granatapfel, Orange, Holunderblüte, Limette, Minze, Pfirsich, Sauerkirsche, etc.

Der hochkonzentrierte Frucht-Sirup kann auch im Mischungsverhältnis 1:23 mit Wasser gemischt werden und damit würde eine Flasche mit 500ml Sirup ganze 12 Liter Limonade ergeben!

Entsprechend **sparsamer** wird man in die entsprechenden ColdBrew-Mixgetränke diese Geschmacksnoten hinzufügen!

Lediglich nur wenige Tropfen sind notwendig, um z.B. ein Glas ColdBrew „zu pimpen“, geschmacklich zu verändern und zu verbessern!

Weitere Informationen und ein reichhaltiges Programm von „**Kaffee-Komponenten**“ finden Sie im Internet unter:
https://www.kaffee-salvatore.de/kaffeesirup/

Übrigens:

1. Sie können natürlich auch heiß-gebrühten Kaffee mit Geschmacksaromen und Sirups verfeinern.
2. Aber das geht natürlich auch für alle ColdBrew-Varianten, wie Kaffee, Cascara, Tee und Matcha und auch Cacao!
3. Andere Geschmackszusätze können Sie auch selbst mit eigenen Substanzen (Infusionen) herstellen, so wie ich das im nächsten Kapitel beschreibe.
4. Auch Variationen mit aromatisiertem Schaum sind für alle ColdBrew-Getränke möglich, so wie ich es oben beim Rezept „Iconic-Cold-Foam-CASCARA ColdBrew“ beschrieben habe.

14. ColdBrew und „Infusionen“ zum Mixen

Eine „**Infuison**“ ist in unserem Fall eine Flüssigkeit, die man neben dem ColdBrew-Ansatz extra herstellt und später dem ColdBrew-Mixgetränk zumischt und mixt.

In meinem Rezept „🍸 **ColdBrew, O-Saft, Eis und Ingwer-Infusion**“ habe ich das oben schon beschrieben. Hier hatte ich nebenbei frische Ingwer-Stückchen in Wasser angesetzt und für längere Zeit in den Kühlschrank gestellt,.

Ich habe damit eine „**Infusion**“, einen „Ingwer-Wasser-Auszug“ hergestellt, der mit dem ColdBrew-Kaffee und dem Orangensaft gemixt wird. (Eine Beschreibung steht auch bei dem Rezept).

Eigentlich kann man sich selbst diverse Infusionen z.B aus **Minze, Rosmarin, Früchten** und **Gewürzen** herstellen und statt fertiger Frucht- und Mix-Sirups einsetzen.

Der Kreativität sind hier keine Grenzen gesetzt und experimentieren macht Spaß!

Infusionen können Sie eigentlich bei allen ColdBrew-Rezepten einsetzen, egal ob nun die Grundlage Kaffee, Tee, Cascara oder Cacao ist!

Zur Herstellung von Infusionen nach dem „Sous-Vide-Verfahren“

Hier wird weniger Material benötigt und ein intensiveres Ergebnis, auch mit höherer Eigensüße, kann erzielt werden.

Im Sirup wirkt z.B. Cascara eher zurückhalten und dezent. Gerade hier bietet sich der Einsatz von Infusionen nach diesem Prinzip an!

Was ist die Sous-Vide-Technik genau?

Die Sous-Vide-Technik wird eigentlich in der Küche eingesetzt. Unter ihr versteht man das **Garen unter Vakuum**. Und, dass Dinge bei einer verhältnismäßig **niedrigen**, dafür aber sehr konstanten **Temperatur** gegart werden.

Wie kommt diese Technik hinter der Bar und bei ColdBrew zum Einsatz?

Im Prinzip funktioniert das ganz ähnlich wie in der Küche. Durch die niedrigen Temperaturen und die guten Kontrollmöglichkeiten können wir durch Sous-Vide auch feinste Aromen erhalten.

Man benötigt nur das **Sous-Vide-Gerät** selbst, sowie eine **Vakuumier-maschine**. Dafür sind, für das Sous-Vide-Gerät ca. 60 € und für ein gutes und kräftiges Vakuumier-Gerät ca. 100 € notwendig zu investieren. Für den Profibereich, speziell der Profiküche, sind größere und wesentlich teurere Geräte notwendig und die liegen oft bei ca. 2.000€; das ist für unseren Einsatz aber nicht nötig.

Was muss man bei dieser Technik beachten?

Beim Aromatisieren von Spirituosen und ColdBrew per Sous-Vide muss man erst eine Weile experimentieren, bis das perfekte Ergebnis erreicht ist. Wenn einmal die richtige Zubereitung gefunden ist, lässt sich das Resultat beliebig oft sehr genau reproduzieren. Der Aufwand liegt also eher in der Vorbereitungsphase und der Investition.

Wie geht man vor?

1. Die Zutaten, wie Kräuter und/oder Gewürze setzt man in einem Kunststoff-Beutel (spezieller Vakuumier-Beutel!) mit Wasser an.
2. Dann saugt man mit dem Vakuumier-Gerät die Luft aus dem Beutel.
3. Jetzt legt man den Beutel NICHT in den Kühlschrank, sondern in das Niedertemperatur-Gerät, das Sous-Vide-Gerät und lässt den Beutel mit der Infusion ca. 6-8 Stunden mit einer Temperatur von ca. 45-54 Grad „garen“ Jetzt werden die Aromaten ausgelöst und an das Wasser abgegeben.
4. Danach kommt der Beutel mit der Infusion ca. 6 Stunden in den Kühlschrank.
5. Jetzt wird der Inhalt des Beutels ausgefiltert, die fertige Flüssigkeit in eine Flasche abgesiebt und **fertig ist Ihre „Infusion nach dem Sous-Vide-Verfahren“!**

Versuchen Sie den o.g. Ablauf einmal mit Himbeeren mit Vanille und Kardamom – diese Infusion passt wirklich zu fast allen ColdBrew-Getränken und schmeckt superlecker!

Das braucht man für Infusionen zum Sous-Vide-Verfahren:

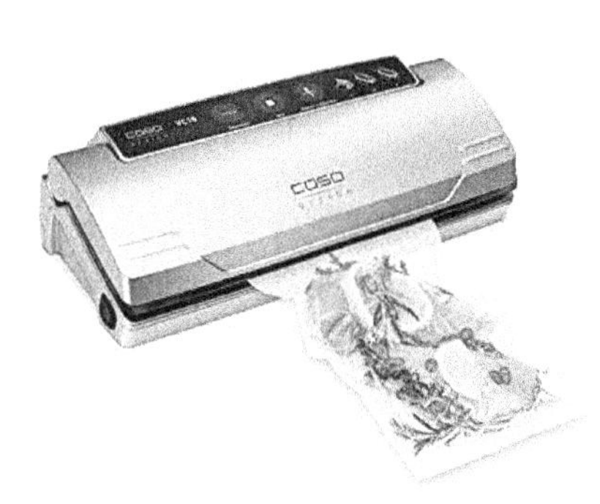

*Kräftiges Vakuumiergerät für den **Haushalt**, ca. 150,00€*

***Professionelles Vakuumiergerät** aus Gastronomie und Lebensmittel-Gewerbe, ca. 1500,00€*

*Sous-Vide für den **Haushalt,** ca. 60,00€*

*Sous-Vide-**Profigerät**, ca. 900,00€*

15. Kaffee auch als Speise-Würze in der Küche

Wer an Kochen und Kaffee denkt, geht natürlich erst einmal von dem End-Ergebnis, also einer guten Tasse Kaffee, aus.

Dabei kann Kaffee in der Küche weit mehr, Kaffee funktioniert auch hervorragend als Gewürz. Durch die Röstung erhält die Kaffeebohne ein großes Aroma-Spektrum. Die **Röst**- und **Nussnote** sind herauszustellen und hinzu kommt bei vielen Sorten noch **pfeffriges** Aroma, sowie Spuren von **Nelke**, **Vanille** und **Karamell**. Durch dieses große Spektrum kann Kaffee zahlreiche Gerichte ergänzen, und gehört eben nicht nur in das Tiramisu.

Puristen schwören zum Beispiel darauf, über **Pellkartoffeln** nicht nur ein wenig Salz, sondern auch etwas Kaffeepulver zu streuen.

Generell passt Kaffee als Gewürz sehr gut zu **gedünstetem Gemüse**.

Er lässt sich aber auch mit den meisten **Fischsorten** gut kombinieren. Vor allem **frischer Lachs und hellhäutige Fischarten**, aber auch aus **Jakobs-muscheln** soll er noch dieses gewisse Etwas mehr herauskitzeln können.

Während er zu Schwein oder Rind eher weniger zum Einsatz kommt, können manche Gourmets bei **Huhn** oder **Wild** nicht mehr auf das gewisse Extra verzichten.

Eine Ausnahme bildet vielleicht das **Chili con Carne**, das mit einem Tässchen Espresso verfeinert werden kann. In diesem Fall kommt aber eine **gekochte** Kaffeespezialität zum Einsatz.

 **Kaffee-Öl selber herstellen:**

Wie oben beschrieben, kann man aber natürlich auch das Kaffeepulver sonst verwenden, wie man es mit Salz und Pfeffer nicht anders tut. **Alternativ kann man sich aber auch ein eigenes Kaffeeöl herstellen. Ich empfehle dabei folgendes Rezept:**

Zutaten: 2 TL frisch gemahlener Kaffee
100 ml leicht erwärmtes Sonnenblumenöl

Zubereitung:

Die beiden Zutaten gut vermischen und für ein bis zwei Wochen dunkel lagern. Im Anschluss mit Hilfe eines Siebes das Kaffeepulver ausfiltern. **Wir nutzen dann nur noch das aromatisierte Öl!** Das Sonnenblumenöl hat den Vorteil einen relativ neutralen Geschmack zu haben. Wer seinem Kaffeeöl aber einen zusätzlichen Geschmack verleihen möchte, kann natürlich auch Olivenöl benutzen.

So ein selbst gemachtes Kaffeeöl eignet sich übrigens auch hervorragend als kleines Gastgeschenk, wenn man bei Freunden eingeladen ist.

Fertig-Gewürzmischungen

Die kleine braune Bohne hält Einzug bei den Gewürzmischungen.
Das Unternehmen **HELA** (Ahrensburg) hat mit hochqualitativen Kaffeebohnen seine Gewürzmischungen **„Café do Brasil“** entwickelt.

Das ist natürlich ohne Zusatzstoffe, wie Farb- und Konservierungsstoffe, Geschmacksverstärker oder Süßstoffe hergestellt.

Das Steakgewürz „Café do Brasil“ schmeckt würzig-pikant, fein nach Kaffee und hat ein leichtes Raucharoma. Eine milde Cumin- und Kräuternote runden das Gewürz harmonisch ab.

Die Würzmischung eignet sich besonders für Grill- und Kurzbrat-Stücke, sowie dunkles Fleisch, wie zum Beispiel von Wild oder vom Strauß.

Wie und wo kann man Kaffee weiterhin in der Küche/im Haushalt einsetzen?

Wir kennen Kaffeepulver, gestreut über Tiramisu! Kaffee als Würzmittel in Keksen und Kuchen.
Kaffee bietet sich auch in heiß-und auch in kalt-gebrühten Getränken zum mixen oder mischen an. Aber auch klassische, leckere Getränke lassen sich aus/mit Kaffee herstellen, heiß- wie auch kalt,wie z.B. :

- **Rüdeheimer-Kaffee,**
  heiße Tasse Kaffee mit 4cl „Asbach Uralt“ (Schnaps),
- **Kapuziner-Kaffee,**
  Mokka mit Sahnehaube und Schokoladenpulver drauf gestreut (aus Österreich), sieht aus wie ein „kleiner Mönch“!
  - **Café Anglais,**
    kalter Kaffee mit Cacao, Milch, Zucker und Vanille-Eis,
- **Caffè all'uovo.**
  heißen Espresso mit rohem Eigelb verrührt,
- **Cafe la Bamba,**
  kalter Kaffee mit Eierlikör und Orangensaft und Zucker verrührt,
- **Cafe Orange,**
  heißer Kaffee mit Vanille-Mark, Orangen-Zesten-Streifen aufkochen und Sahne,
- **etc.**

Und kennen Sie das?

Den kleinen Rest kalten Kaffee aus der Kanne hat meine Mutti früher sehr oft als „**Geschmacksverstärker**" in ihren **Rinder- und Schweinebraten-Soßen** verwendet. - Es darf aber wirklich nur „ein Schlückchen“ sein.

Eine schön **dunkle Soße** bekommt man normalerweise beim Kochen durch das Zusammenspiel von Röststoffen, Tomatenmark und Rotwein. **Aber:** ein Löffelchen **Bohnenkaffeepulver färbt die dunkle Soße** noch dunkler und vom Kaffee schmeckt man nichts!

Aber auch in Komplett-Gerichten hat Kaffee einen großen Stellenwert, wie z.B. bei:

„Lammfilet in Balsamico-Kaffee-Soße mit Runzelkartoffeln" (https://www.kochbar.de/rezept/314119/Lammfilet-in-Balsamico-Kaffee-Sosse-mit-Runzelkartoffeln.html)

„Rindersteaks mit Kaffee-Sherry-Soße" https://www.lecker.de/rindersteaks-mit-kaffee-sherry-sosse-40753.html

„Rindersteak mit Zwiebeln, Ofenkartoffeln und Kaffee-BBQ-Soße" https://www.daskochrezept.de/rezepte/rindersteak-mit-zwiebeln-ofenkartoffeln-und-kaffee-bbq-sosse

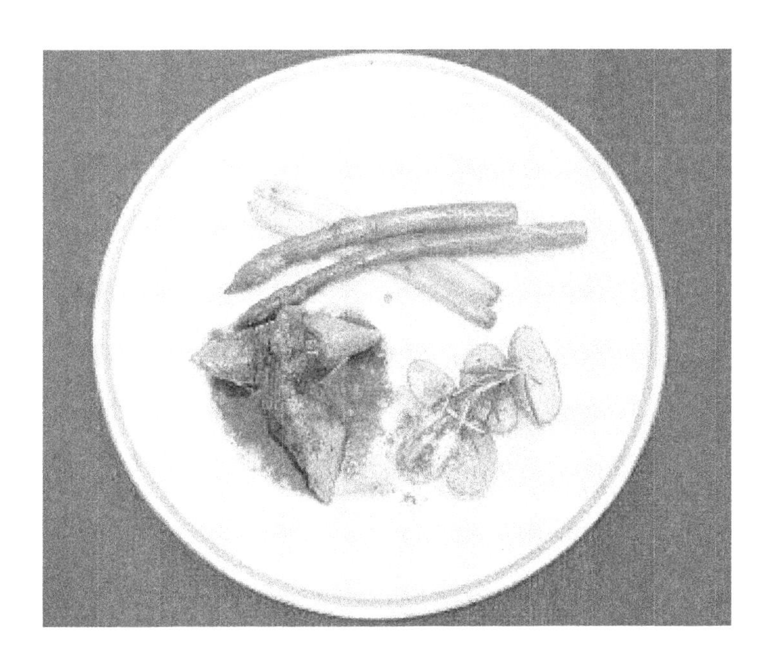

**** 16. Was ist „Bier-Tee“ oder „Tee-Bier“?

Sie kennen **Craft-Beer**, das inzwischen auch von vielen kleinen Brauereien in großer Sortenvielfalt angeboten wird. So gibt es auch **Gewürz-Bier, Gurkenbier, Chili-Bier, Hanf-Bier und auch Tee-Bier.**

Und weil Bier auch bekannterweise kalt gebraut wird, gehört es quasi in die Reihe der ColdBrews! Daher will ich kurz auf Bierbrauen (auch mit Teezugaben) eingehen.
Tee und Bier, diese Kombination erscheint aus heutiger Sicht recht ungewöhnlich, gerade wenn man in Deutschland lebt. Gemäß dem deutschen „Bier-Reinheitsgebot“, das sich auf die bayerische Landesordnung von 1516 bezieht, darf zum Brauen von Bier nur

- **Wasser, Malz, Hopfen, Hefe verwendet werden!**

Diese Verordnung machte zum Ende des Mittelalters durchaus Sinn, denn bis dahin es wurden allerlei sonstige Zutaten an Stelle des Hopfens verwendet und durch Gärung von manchen Kräutern können sogar Gifte entstehen.

Grutbier (Kräuter-Bier)

Bekannt sind beispielsweise die Grutbiere, diejenigen, die mit veränderlichen Kräutermischungen gewürzt wurden. Ein häufiger Bestandteil dieser Mixturen war der leicht giftige und zudem berauschende „**Sumpfporst**“, der die Wirkung des Alkohols verstärkte. Auch andere berauschende, zudem stark giftige Pflanzen fanden Verwendung, wie zum Beispiel **Bilsenkraut**, **Tollkirsche** und **Stechapfel**.

Nur noch die Verwendung von Hopfen (neben Wasser, Malz und Hefe) zur Bierherstellung zu erlauben, war also sinnvoll. Der Alkohol alleine hat bereits mehr als genug negative Auswirkungen, die nicht noch durch stärkste Drogen und Gifte potenziert werden mussten. Zudem hat Hopfen konservierende Eigenschaften, macht das Bier haltbarer, wodurch es besser gelagert und transportiert werden kann.

Fruchtbier, Hanfbier, Tee-Bier (oder Bier-Tee) etc.

Allerdings muss nicht jede weitere Zutat zum Bier automatisch eine schlechte sein.
Gute Beispiele sind die **belgischen Fruchtbiere** (Fruchtlambic), denen Sauerkirschen (= Kriek) oder Himbeeren (= Framboise) zugesetzt werden. Das Obst wird durch eine Zweitgärung in Alkohol umgewandelt, und gibt dem Bier eine angenehme Fruchtnote.

Hanfbier erfreut sich zudem seit einigen Jahren wieder steigender Beliebtheit. Verwendet werden THC-arme, d.h. nicht „berauschende Hanfsorten". Der Zusatz hat also nur geschmackliche Gründe.

Diese handwerklich arbeitenden Kleinbrauereien produzieren abseits vom industriellen Mainstream Nischenprodukte für Liebhaber, so auch Bier mit japanischem Grüntee (Sencha, japanische Grüntee-Blätter).

Japanese Green Tea IPA

Für das **Japanese Green Tea IPA** haben sich die folgenden drei Brauereien zusammengeschlossen:

Stone in den USA und **Baird in Japan** und **Ishii in Guam**.

Als Basis dient ein **IPA**, oder **I**ndian **P**ale **A**le.

Es handelt sich bei dieser Sorte um ein obergäriges, intensiv gehopftes Starkbier.

Das wurde ursprünglich im 19. Jahrhundert in England für die Soldaten in den Kolonien gebraut.

Tee-Bier ist in Japan sehr beliebt!

Der hohe Anteil an Alkohol und Hopfen machte es haltbar für den langen Transport per Segelschiff. Vor Ort sollte es dann eigentlich 50:50 mit Wasser auf „Trinkstärke" verdünnt werden. **Aber kaum ein Engländer ist diesem je Rat gefolgt!**

Diesem Biertyp wird nun von den Brauereien noch Sencha, also grüner Tee zugegeben!

Die „Stone Brauerei" beschreibt Aroma und Geschmack:

Aroma

A complex blend of herbal tea and hops; elements from both ingredients are there. The up-front aroma is mostly green tea, and there are also strong elements of peach, apricot and mango from the hops.

Taste

There is a massive hop presence in both the flavor and bitterness. The hops start off as tropical fruits like mango and pineapple, and then are followed by hints of dill from the Sorachi Ace. The tea flavors assert themselves mid-palate and linger nicely with a dry character.

In Japan ist Tee-Bier / Bier-Tee sehr beliebt und keine „Absonderlichkeit"!

Ein Japan-Tourist sagte folgendes:

Being in Japan gives you plenty of opportunities to knock back a beer. The country is filled with pubs, and alcohol consumptions is so accepted that should you tell people, flat-out, "My hobby is drinking," they're more likely to ask you to recommend a good bar than to stage an intervention. At the same time, Japan has countless places to sip a relaxing cup of tea, whether it's the strong, frothy variety used in tea ceremonies called ***matcha****, or* ***hojicha****, for which the green tea leaves are roasted before steeping.*

Wo bekomme ich BierTee?

Wo kann man dieses Bier kaufen? Bisher noch nirgendwo in Deutschland. Im Zuge der Craft-Beer-Bewegung ist es aber nur eine Frage der Zeit, wann dieses oder ein ähnlich hergestelltes IPA auch hier erhältlich ist.

Eine Flasche japanisches Tee-Bier IKI YUZU

„Iki Yuzu" bekommen Sie im Internet über **Ratebeer, Beerwulf, The Oriental-Shop,** etc.:

https://www.ratebeer.com/beer/iki-beer-yuzu/50830/
https://www.beerwulf.com/de-de/p/biere/iki-yuzu2
https://www.theorientalshop.de/c-asian+beers-100

Wie schmeckt „Iki Yuzu" (Bier-Tee)?

Biologisches Bier mit grünem Tee: dieses Bier ist goldgelb mit einer kräftigen, weißen Krone. Die Aromen sind grundlegend süß und werden durch Zitrusfrucht angereichert.
Ein erfrischender Durstlöscher und vielleicht auch ein Bier für Teetrinker?

Wenn es schon MATCHA-Nudeln gibt und Matcha-Latte, warum dann nicht auch Matcha-Bier?

17. Was ist wichtig für richtigen „Trink-Genuss“?

Selbst dass Trinken von reinem und klarem Wasser unterliegt einem Regularium, der den eigentlichen Genuss beeinflusst: Wasser schmeckt aus einem Glas viel besser, als aus einem, wie immer gearteten Kunststoff-Becher! Und selbst der teuerste Champagner und der beste Whiskey schmeckt im falschen Behältnis und unter anderen Umgebungsbedingungen völlig anders, als unter individuell optimalen Bedingungen!

Was sind die Hauptfaktoren, die es zu berücksichtigen gilt:

- die Stadt, das Land, der Ort, wo man sich gerade befindet,
- der Tag,
- die Tageszeit,
- die Umgebungstemperatur,
- das Licht, die Umgebungsbeleuchtung,
- alleine oder in Gesellschaft,
- zuhause oder an einem anderen Ort,
- zu einem besonderen Anlass, oder reine Flüssigkeitsaufnahme,
- welches Getränk nimmt man zu sich,
- Getränke mit oder ohne Alkohol,
- welche Mengen konsumiert man,
- die Getränke-Temperatur, kalt oder heiß, das Eis ,
- das richtige Glas zum Getränk,
- die Dekoration des Getränkes,
- das Getränk und sein Geschmack an sich,
- Jahrgang. Produktionszeit,
- Anbau- oder Produktionsland, -Gebiet, -Ort
- usw. usw.

Daher ist es wichtig, für jedes Getränk das passende Ambiente zu schaffen oder zu suchen, und damit erst kann das Trinken zum Genuss werden. **Allein aus diesen Gründen möchte ich mein Buch mit einer Betrachtung der maßgeblichen Parameter ergänzen und abschließen, die ich in den folgenden Kapiteln beschreibe!**

18. „Dekorative Eiswürfel“ - Wie geht das?

Alle hier besprochenen Mix-Rezepte werden eisgekühlt.
Ich mache das mit Crushed-Ice, oder klassischen Eiswürfeln, also „Wassereis“; in einigen Fällen kann man auch eine Vanille-Eiskugel einsetzten.
Eis kühlt deinen Drink und wenn er richtig serviert wird, verwässert das Eis ihn nicht, sondern macht ihn zu einer perfekten Kombination aus Erfrischung, Geschmack und (alkoholischem) Getränk.

1. Kristall-klare und durchsichtige Eiswürfel

Im Mix- und Gastro-Bereich werden oft Eiswürfel-Maschinen eingesetzt, die automatisch klare Eiswürfel fabrizieren. Kristallklare Eiswürfel herzustellen, ist eine Wissenschaft für sich. Sie haben vielleicht bemerkt, dass die Eiswürfel, die aus Ihrem Gefrierschrank kommen, milchig sind. Sie sehen nicht nur weniger appetitlich aus wie jene, die in jeder Whisky-Werbung in den Gläsern klirren. **Sie sind auch von schlechterer Qualität, da milchiges Eis schneller schmilzt als klares Profi-Eis.**

Es gibt zwei Gründe, die verhindern, dass Eiswürfel beim Gefrieren klar werden:
Der erste Grund besteht in der Art, wie Eis in Eiswürfelformen oder -beuteln gefriert. Wasser dehnt sich beim Gefrieren immer aus und in einem normalen Eiswürfelbehälter im Gefrierfach gefriert das Wasser von **außen nach innen.**

Ein weiterer Grund, dass Eis beim Gefrieren trübe wird, ist die **Luft**, die sich im Wasser befindet. Diese Luft versucht beim Gefrieren zu entweichen, doch da die Außenseiten des Würfels bereits gefroren sind, gelingt ihr dies nicht. Deshalb sammelt sie sich in Form von **Luftblasen** im Inneren des Eiswürfels und diese Luftbläschen lassen den Eiswürfel ebenfalls trübe erscheinen

Bekannte haben mir erzählt, dass man die besten klaren Eiswürfel erhält, wenn man das Wasser zuerst abkocht oder man destilliertes Wasser verwendet oder sogar, dass man destilliertes Wasser verwenden und es zweimal abkochen soll – **das kann, aber das muss nicht gehen!**

Aber das einzige, was wirklich funktioniert, ist Zeit!
Als Kind haben Sie bestimmt mal die glasklaren Eiszapfen gesehen, die von Dachrinnen oder Ästen herunter hängen. **Eiszapfen sind so klar, weil sie sich ganz langsam gebildet haben.** Das Eis ist Schicht für Schicht gefroren und es befindet sich innen **keine Luft,** die unschöne Blasen bildet. **Es gibt Maschinen, die diesen Prozess ziemlich gut nachahmen, so dass man perfekte, kristallklare Eiswürfel erhält.**

Wenn Sie auch zuhause absolut klare Eiswürfel herstellen wollen, müssen Sie die **Gefriergeschwindigkeit** reduzieren. Um den Gefrierprozess zu verlangsamen, können Sie einfach einen **isolierten Kühlbehälter** benutzen, den Sie in deinen Gefrierschrank stellen. Alles was sich in diesem **Kühlbehälter** befindet, gefriert deutlich langsamer, so dass Luftblasen entweichen können und nicht im Eis eingeschlossen werden.

Wie bekomme ich klare Eis-Würfel?

1. Wenn Sie klare Eiswürfel im **Gefrierfach Ihres Kühlschrankes** herstellen wollen, dann **reduzieren** Sie vor dem Einfrieren die Temperatur des Gefrierfachs deshalb drehen auf etwa **- 4 bis - 1 Grad**. In einer klassischen **Kühltruhe** geht das aus logischen Gründen nicht. Aber da verfahren Sie so, wie ich das im Weiteren beschreibe!
2. Nehmen Sie einen kleinen **isolierten** **Kühlbehälter**, der in Ihren Gefrierschrank passt.
3. Besorgen Sie sich ein paar kleine **Plastikförmchen**. Die benutzen Sie, um deine Eiswürfel zu gefrieren.
4. Stellen Sie die **Förmchen in Reihen** in den Kühlbehälter.
5. Füllen Sie den **Kühlbehälter mit Wasse**r, bis die Förmchen überflutet sind. Stellen Sie dann den Kühlbehälter mit **geöffnetem oder abgenommenem Deckel** in den Gefrierschrank.
6. Warten Sie, bis das Wasser komplett zu einem Block gefroren ist. Ja, das dauert eine ganze Weile. Dann können Sie den Kühlbehälter aus dem Gefrierschrank nehmen und den **Eisblock herauslösen**. (Lassen Sie ihn etwas antauen, falls er sich nicht löst.) Stellen Sie den Eisblock in einen sauberen Plastikeimer und temperieren ihn dort ca. eine Stunde.
7. Schneiden Sie die Förmchen heraus. Ritzen Sie den Eisblock vorsichtig zwischen einigen Förmchen mit einem gezackten Messer an. Schlagen Sie dann mit einem Holzhammer auf den Messerrücken, um das Eis vorsichtig zu teilen. Wenn es wie verrückt splittert, dann lassen Sie es noch etwas länger antauen.
8. Wenn die Förmchen herausgelöst sind, sollte es einfach sein, die Eiswürfel dort herauszuholen. Wenn Sie sich nicht einfach zu lösen sind, dann lass Sie diese ein wenig anwärmen.
9. Das so hergestellte Eis sollte nahezu perfekt klar sein. An der Oberfläche ist es vielleicht ein wenig milchig. Aber diesen Teil können Sie mit der oben beschriebenen Methode mit dem gezackten Messer einfach abschneiden.

Soll ich das ausprobieren?

Warum nicht? Es wird auf jeden Fall ein spaßiges Wochenend-Projekt!

Manche high-end Cocktail-Bars verwenden ausschließlich **Premium-Eis**. Es gibt sogar Unternehmen, wie zum Beispiel **„Gläce“**, die sich auf das Segment **Premium-Eis** spezialisiert haben. https://www.glaceluxuryice.com/ Dieses Unternehmen nimmt ca. 30€ für eine Tüte mit 5 kugelförmigen Eiswürfeln und sie versprechen dafür **„minimale Verwässerung und maximale Kühlung“** für deutlich gesteigerten Genuss. **Das neuste Produkt sind 50 sehr große Eiswürfel für zusammen $ 325!**

Dass **„Gläce“** das Konzept „Premium-Eis“ etwas übertreibt, ist schon ein wenig eigenartig … aber es scheint einen Markt dafür zu geben!

Wahr ist aber auf alle Fälle, dass kristall-klare Eiswürfel wesentlich langsamer schmelzen, als milchige Eiswürfel, in die Luftbläschen eingefroren sind. Sie halten also länger das jeweilige Getränk kühl, ohne es durch Schmelzwasser zu verdünnen, sprich zu „verwässern“! Das ist, neben einer netten Optik, der Hauptgrund für Barmixer, möglichst nur klare Eiswürfel zu benutzen!

Eine Fülle weiterer Tipps finden Sie im Internet aus der **wikiHow-Seite**: https://de.wikihow.com/Klare-Eisw%C3%BCrfel-machen

Eiswürfel in Batterie-Formen und in Form eine Gehirns!

Die Welt der grenzenlosen Eiswürfel-Formen

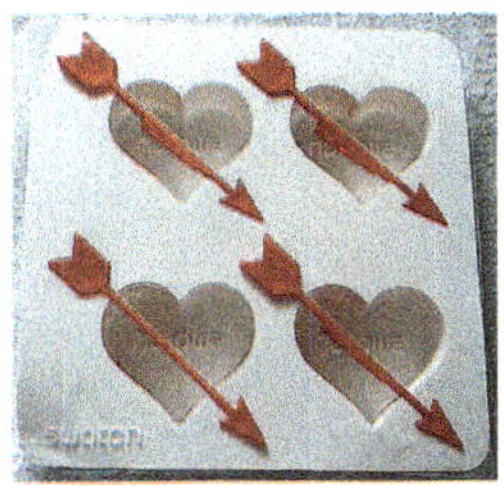
Liebesherzen mit Pfeilen

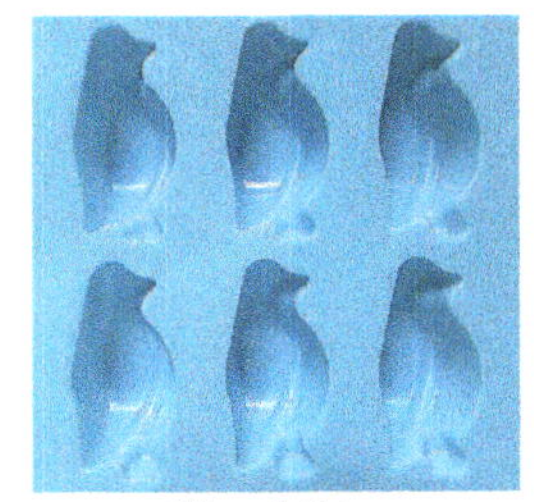
Piep-Mätze

LEGO-Männchen

LEGO-Steine

Steuer-Zeichen

Echte Schnapsgläser

Toten-Schädel

Riesen-Kugeln

Diamanten

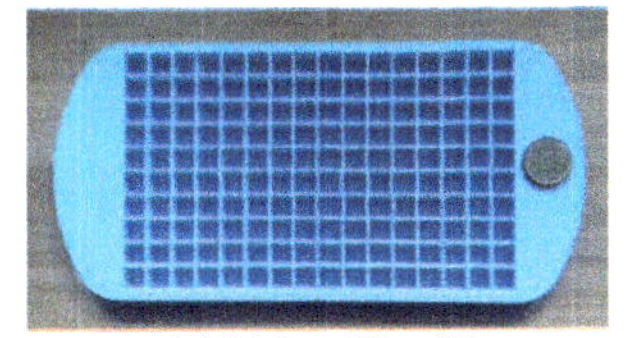
166 Mini-Würfel

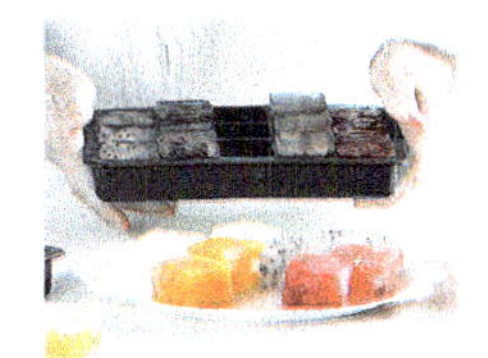
8 grosse Würfel

4 Riesen-Würfel

2. Eiswürfel mit leckerer, gefrorener „Einlage“

Kleine Blätter Minze, oder Rosmarin in die einzelnen kleine Behälter des Eisbereiters legen, mit Wasser auffüllen und einfrieren.

Sie können alle essbaren Blüten, aromatische Küchenkräuter, wie Rosmarin, Lavendel, Salbei, etc. und alle Kräuter einfrieren, die man auch sonst als **Gewürz-Verfeinerung z.B. auch für Gin** nimmt.

Wenn Sie bei eingefrorenen Kirschen die Stengel heraus-stehen lassen, dann haben Sie „Kirsch-Eiswürfel mit Stengeln"!

19. Das richtige Glas zum richtigen Getränk

Wer trinkt nicht gerne ein kleines Schnäpschen und das natürlich aus einem kleinen Schnapsglas und nicht aus einem Wasser-Glas?

Doch was steckt eigentlich hinter dem Ritual und welche Geschichte haben die Kurzen und Shots und überhaupt die verschiedenen Trinkgläser?

Man nimmt für Cocktails spezielle Gläser, andere wiederum für Longdrinks, andere für Weißwein und für den Rotwein-Genuss gibt es sogar einige unterschiedliche Glas-Typen zum jeweiligen Wein-Typus passend (siehe die rechte Grafik).

Woher kommen die kleinen Schnapsgläser, die „Shots“?

Laut dem Oxford-Englisch- Dictionary taucht der Begriff **„Shot Glass“** nachweislich das erste Mal im Jahr 1940 in der New York Times auf. In kleinen Gläsern werden Whisky, Rum oder ähnliche Branntweine bereits seit dem Anfang des 19. Jahrhunderts serviert. Erst nach der Prohibition haben sich in den USA allmählich die kleinen Gläser mit einem dicken Boden und einem stabilen Rand durchgesetzt und die zuvor üblichen, dünnwandigen und zerbrechlichen Gläser, verdrängt. **Shot** bedeutet im englischen nicht nur Schuss, sondern auch Schlag. Aus der Tatsache, dass man ein „Shot Glass" auf einen Schlag leeren konnte, ergibt sich eine Erklärung für die Bezeichnung der Gläser.

… und die anderen Gläser? Form und Einsatz?

Schnapsgläser sind klein stabil und dickwandig. Biergläser sind groß und müssen dem Schaum zur Entfaltung genügend Platz bieten, denn was wäre ein Bier ohne schöne Schaumkrone. Ein Longdrinkglas ist hoch, damit viel reinpasst, während Whiskey-Gläser kleiner sind (aber immer noch zu groß für einen fingerbreit des edlen Getränkes). Weizenbier-Gläser sind extrem hoch, weil Weizenbier beim Eingießen extrem schäumt. Cocktail-Schalen sind fast tellerförmig und bieten z.B. der Olive Untergrund und Platz.

Weißweingläser sind kleiner, als Rotweingläser und die sind oft tulpenförmig und mit großer Öffnung, um beim Trinken der Nase auch Zugang zum Geruch des Weins zu ermöglichen.

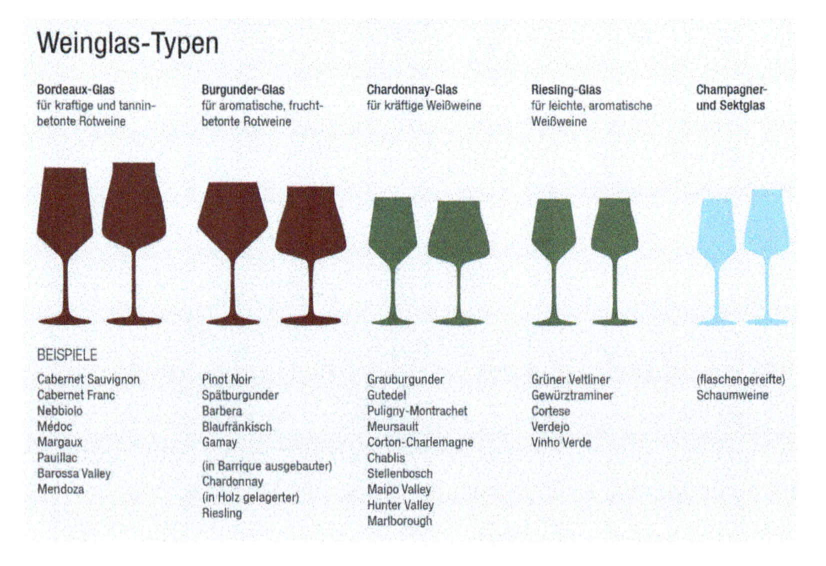

Cognac-Schwenker sind halbhohe, konische Gläser und erlauben das Schwenken dieser Spirituose und damit eine bessere Temperierung zur Entfaltung des Geruchs und des Geschmacks, usw., usw.

Ein **klassisches Tasting**, eine Verkostung speziell von Spirituosen wird immer die **gleichen Gläser/Glas-Formen** nutzen, je nach Getränke-Typus, gefüllt mit unterschiedlichen Getränken.

Nur somit kann man sich auf die entsprechende Flüssigkeit konzentrieren. Klar ist immer auch, dass Optik, Farbe, Temperatur, Umgebungslicht und der Gesuch des Getränkes in eine Beurteilung einfließen müssen, wie auch Informationen über Inhaltsstoffe, Anbau-Gebiet und Jahres-Zeit der Jahr der ernte und der Weiterverarbeitung, etc.

Aber haben Sie schon mal eine Weinprobe gemacht, mit ein und **demselben Wein, aber in extrem unterschiedlichen Gläsern**? Das Getränk schmeckt tatsächlich immer anders, je nach Glasform.

Und das ist auch immer so, selbst wenn sie das Experiment mit Bier oder auch mit Schnaps machen!

Jede Gläser-Form hat seinen Sinn und seine Berechtigung!

Rotwein muss oxidieren, Weißwein nicht – warum?

Rotwein sollte nicht aus der gerade frisch geöffneten Flasche getrunken werde – denn er schmeckt noch nicht optimal!

Er braucht vor dem Trinken „Ruhe und Sauerstoff" und dann kann sich innerhalb von ca. 30-120 Minuten der Geschmack ändern, und z.B. in den Geschmacksspitzen nivellieren; der Wein oxidiert quasi!

Im Vergleich zwischen Rot- und Weißwein muss der Kellermeister seine Weißweine aber stärker vor Oxidation schützen, als seine Rotweine. Vom Weißwein werden mehr Frische und Fruchtaromen erwartet. Rotwein hingegen kann etwas mehr Sauerstoff vertragen, weil die **Tannine viel Sauerstoff** aufnehmen können, bevor der Sauerstoff überhaupt Schaden an Farbe und Aroma anrichtet.

Das muss man immer als junger Weintrinker lernen und dafür gibt es auch spezielle Behälter, den Dekanter, in den man den Rotwein aus der Flasche schüttet, um diesen Prozess der Oxidation einzuleiten.

Rotwein aus der Flasche im „Dekanter" zur Oxidation

Dieses Glas war mir wirklich neu – ein „breathable glass" - was ist das?

Nun hat mir meine gute Freundin und leidenschaftliche Rotwein-Trinkerin, Ricarda, erzählt, dass sie sich 2 neue und spezielle Wein-Gläser gekauft hatte.

Das "Breathable Glass" von Fa. "Eisch"

Was war nun speziell an diesen Gläsern? Sie sahen doch aus, wie normale Burgunder-Gläser (siehe rechts).

Es war nicht allein der Preis von ca. 40€ pro Glas, es musste noch etwas Spezielles anliegen!

OK, das Glas kam von der bekannten Glas-Manufaktur, der **Glashütte „Eisch"**, mit Sitz im niederbayerischen Frauenau. Die beiden Burgundergläser hatten die interne Bezeichnung **„breathable glass"**. Übersetzt heißt das doch: ein **„atmungsfähigen Glas" - oder?!**

Der Hersteller EISCH erklärt das so:
Das ist das „atmende Glas", in dem der Wein seine volle Entwicklung von Bouquet und Aromen bereits nach 2 - 4 Minuten erreicht. Dies war bisher nur durch einen ein bis zweistündigen Dekadenter-Vorgang möglich.

Das „Breathable Glass" wirkt dabei auf vollkommen natürliche Weise, indem es die ohnehin ablaufende Reaktion des Weines mit Luftsauerstoff stark beschleunigt. Der ursprüngliche Charakter des Weines und seine Struktur bleiben erhalten, während der Wein sich „öffnet" und an Geschmack, sowie Volumen gewinnt. Breathable Glasses werden aus einem speziell zusammengesetzten Rohstoffmix, in bleifreier Kristallglas-Qualität hergestellt.

Nach dem eigentlichen Fertigungsprozess werden sie einem Oxigenierungsverfahren unterzogen, das ihnen ihre einzigartigen Eigenschaften verleiht.

Ronn R. Wiegand, Master of Wine & Master Sommelier-Publisher, „Restaurant Wine" sagt zu diesem Glas: "Ich war beeindruckt. Bemerkenswert! Meinen Glückwunsch zu einem wirklich gelungenen Beitrag zum Genuss von Wein".

Diese Produkt-Linie heißt jetzt aktuell **„Superior SENSISPLUS“ und der Untertitel lautet: „Wenn das Glas vom Wein erzählt“! Mehr Informationen finden Sie im Internet. Auf den Seiten von „Eisch“: https://eisch.de/eisch/innovationen/**

Die Referenzen auf diese Gläser sind grandios – aber ich wollte es selbst erfahren und Ricarda hat mir ein Glas freundlicherweise zum Test geliehen.

Also habe ich Freunde zur Verkostung und zum Test eingeladen und wir haben mit einem „normalen Burgunder-Glas“ und mit diesem Spezialglas die folgenden Getränke getestet:

- **Mineralwasser**
- **Orangensaft**
- **Apfelsaft**
- **Weißwein**
- **trockenen französischen Rotwein.**

Das Ergebnis war wirklich überraschend: jeder hat mit verbundenen Augen je ein Getränk in beiden Gläsern getestet und getrunken und mit 100% Sicherheit das spezielle **„Eisch-Glas“** erkannt. Alle Getränke schmeckten anders in diesem Glas, irgendwie softer und gleichzeitig aromatischer; die Säurespitzen waren geglättet bei diesem Wunderglas, als das Getränk in dem Normalglas gleicher Form schmeckte!

Aber den größten Unterschied gab bei un-dekantiertem Rotwein. Hier schmeckte der Wein schon nach 5 Minuten Standzeit im Glas so gut und ausgewogen, wie sonst erst nach mindestens 30 Minuten Ruhezeit im „Dekanter“!

Bei Mineralwasser war die Wand des Spezialglases übersäht mit vielen kleinen Kohlensäureblasen, im völligen Unterschied zum Normalglas!

Nun hält sich die Fa. Eisch mit einem Geheimnis um die spezielle Produktion dieses Glases natürlich sehr bedeckt.

Aber ich vermute mal, dass die innere Glasfläche im Nanobereich bearbeitet war. Vielleicht mit unsichtbaren Mikrostruckturen, so dass faktisch eine größere Fläche für den Wein zur Verfügung stand, den Kontakt zum Sauerstoff aufzunehmen.

Eisch hat auf diese Entwicklung die Weltpatente und wird das Produktionsgeheimnis für sich behalten ...

... aber es war für uns alle ein wirkliches Geschmackserlebnis!

20. Trink-Rituale

Bei genauer Sicht verläuft ein Großteil unseres Lebens nach bewussten und unbewussten Ritualen!

Wenn mehrere Menschen zusammenkommen, laufen oft Rituale ab, wie z.B. unterschiedliche Begrüßungen, je nach Bekanntheitsgrad, sozialer Stellung und kultureller Herkunft. **Gerade beim gemeinsamen Trinken laufen sehr teilweise sehr skurrile Aktionen, mit großem Ritual-charakter ab!**

Rituale sind nach **vorgegebenen Regeln** ablaufende, meist formelle und oft feierlich-festliche **Handlung** mit hohem **Symbolgehalt**. Sie werden häufig von bestimmten **Wortformeln und festgelegten Gesten** begleitet und das kann von **religiöser oder weltlicher Art** sein (z.B. Gottesdienst, Begrüßung, Hochzeit, Begräbnis, Aufnahmefeier usw.).

Ein festgelegtes Zeremoniell (Ordnung) von Ritualen oder rituellen Handlungen bezeichnet man als *Ritus*. **Rituale gelten als Kulturgut und sind oft in jeder ethnischen Gruppe anders und eigen und auch individuell anders ausgestaltet.**

Rituale sind also ein **„Phänomen menschlicher Interaktion mit der Umwelt"** und lassen sich als **geregelte Kommunikationsabläufe** im Bereich des menschlichen Miteinanders beschreiben.

Ohne darüber tiefer nachzudenken, starten wir den Tag mit Morgenritualen, wie: der Ablauf im Badezimmer, das Vorbereiten des Frühstücks, der „Morgenkaffee", die Morgen-Zigarette, das morgendliche Zeitungsstudium, usw. Das sind im engeren Sinne Individual-Rituale, die wir oft als „Gewohnheiten" bezeichnen. Es sind geregelte Abläufe, die uns irgendwie Halt geben.

Gruppenrituale erleichtern das Zusammenleben und stärken das Zusammengehörigkeitsgefühl. Sie geben dem teilnehmendem Individuum die Freiheit, andere Rollen, Riten und Abläufe anzunehmen, oft ohne dafür gesellschaftlich sanktioniert zu werden!

Einige internationale Trinkrituale

Ein Getränk in geselliger Runde hat die Menschen schon immer miteinander verbunden.
Doch auch hier gilt: andere Länder, andere Sitten! Und wer sich bei der „Verbrüderung“ nicht blamieren will, der sollte einige grundsätzliche Regeln studieren. Denn es gibt überall auf der Welt witzige und interessante Trink-Rituale zu entdecken und letztendlich auch zu „befolgen“!

USA

„Beer Pong“ ist zwar kein altertümliches Trink-Ritual. Dennoch ist es tief in der amerikanischen Kultur verwurzelt. Im Grunde ist Beer Pong ein Trinkspiel, das quasi rituell betrieben wird. Teilweise organisieren die Bars sogar Meisterschaften. Zu beiden Seiten eines Tisches werden mit Alkoholika gefüllte Becher – es muss nicht zwangsweise Bier sein – aufgestellt. Ziel des Spiels ist es, mit einem Pingpong-Ball in die Becher des gegnerischen Teams zu treffen. Trifft man, trinken die Gegner den getroffenen Becher aus und stellen ihn weg. Wirft man daneben, wartet ein separater Straf-Drink.

Spanien

In Galizien wird der Cidre im übertragenen Sinn ins Glas "geworfen". Das Einschenken wird "tirar un culín de sidra" genannt und ist eine Kunst für sich. Die Flasche wird hoch über dem Kopf gehalten und das Glas etwa auf Höhe des Oberschenkels. Dann wird der Cidre mit Schwung aus voller Höhe ins Glas gegossen. Das spritzt oftmals kräftig. Dieses Ritual soll den Cidre gut belüften, das Bouquet verbessern und die Sättigung mit Kohlensäure erhöhen. Das Glas wird anschließend mit einem Schluck leer getrunken.

Russland

In Russland ist das Trinken ohne offiziellen Trinkspruch als Alkoholismus verpönt. Irgendetwas, worauf man anstoßen kann, fällt einem jedoch immer ein. Häufig wird angenommen, der beliebteste russische Trinkspruch sei „Na zdorov'ye!" – „Für die Gesundheit!". Das ist aber falsch, denn die Russen wissen natürlich, dass Wodka generell nicht gut für die Gesundheit ist. Somit lautet der richtige Trinkspruch "Budem zdorovy!" – "Lasst uns gesund sein!". Das Anstoßen ist Pflicht, außer, der Trinkspruch galt einem Verstorbenen.

William Hogarth: A Midnight Modern Conversation (Public Domain) Ein Trinkgelage!

Großbritannien

In Großbritannien wird seit Anfang des 18. Jahrhunderts „Port-Wein" eingeführt. Seither haben sich eine ganze Reihe Traditionen rund um das portugiesische Getränk entwickelt. So muss der Port am Tisch immer nach links weiter gereicht werden, nachdem man dem rechten Sitznachbarn ein Glas eingeschenkt hat. Idealerweise sollte der Dekanter im Uhrzeigersinn wandern, bis er leer ist. Wird die Kette unterbrochen, wird die Person, die den Dekanter hortet, üblicherweise gefragt: "Kennst du den Bischof von Norwich?" Wer die Port-Tradition kennt, sollte sich seines Fehltrittes spätestens jetzt bewusst werden. Wer unwissend mit „Nein" antwortet, wird dezent auf den Fauxpas hingewiesen: "Er ist ein wirklich netter Kerl, aber er vergisst immer, den Port weiter zu geben."

Tschechien

Die Trink-Rituale in Tschechien ähneln denen in Deutschland. Ganz besonders wichtig wird auch hier das Anstoßen genommen, beim kleinsten Fehler ist man zu „sieben Jahren Unglück" verdammt. Es darf auf keinen Fall etwas verschüttet werden, die Arme von zwei Personen sollten sich nicht überkreuzen und zu all dem muss man dem Gegenüber auch noch in die Augen schauen. Wenn jeder mit jedem einmal angestoßen hat, wird das Glas kurz auf den Tisch geklopft.

Oktoberfest in München „... ein Prosit der Gemütlichkeit ..."
Übrigens: alle halten auf dem Bild ihre Maß falsch! - Es sind eben Touristen!
***Richtig ist:** man fasst zwischen Henkel und Glas mit der gesamten Hand!*

Deutschland

Da klopfen ausgewachsene Menschen kleine Schnapsfläschchen, namens **„kleiner Feigling"** (ein Feigen-Likör), vor dem eigentlichen Trinken auf die Tresen- oder Tischplatte, mehrfach!

Pfiffige Werbung und eine rasch anwachsende Fangemeinde haben den „Kleinen Feigling" bereits in den neunziger Jahren zu einem **„Partyknaller mit ausgeprägem und bekannten Ritus ohne Gleichen"** werden lassen. Der Kleine Feigling ist heute (immer noch) Kult.

Neben dem Klopf-Ritual, das man in neuerer Zeit in Vorbereitung auf die Partytime virtuell sogar im **Internet** üben kann, haben sich das **U-Boot-Trinken** und das **Hoch-Tief-Spiel** etabliert.

Dieses Spiel erleichterte schon so manches Portemonnaie, denn wer am Unterboden seines Kleinen Feigling die kleinste Zahl vorfindet, muss die nächste Feigling-Runde ausgeben.

Das **U-Boot-Trinken** ist die Feuertaufe für echte Fans. Nach dem stilechten Klopfen im Takt des Feigling-Musik-Jingles, wird das geöffnete Fläschchen zwischen die Lippen genommen und der Deckel auf die Nase gesetzt. Nun schließt der Proband mit den Fingern die Ohren und schlürft den Feigling, während er den Kopf nach hinten lehnt. Als Clou muss das Fläschchen später in dieser Haltung auf dem Tisch oder der Theke wieder abgestellt werden, ohne dass das Deckelchen von der Nase fällt oder das leere Fläschchen umkippt – **Party on**!!!
Es gibt in den letzten 50 Jahren wohl kein einen Trink-Ritus, der mit dem des Kleinen Feiglings mithalten kann. Dieser „Party-Shot“ hat ein kleines, über 100 Jahre altes Spirituosen-Unternehmen im hohen Eckernförde, zum mittelständischen Unternehmen mit ursprünglich 30 Mitarbeitern, auf über 250 Beschäftigte anwachsen lassen!

In einem Interview erzählte Waldemar Behn, der Inhaber dieser Spirituosenfabrik, die u.a diesen Feigenlikör herstellt, dass er sicherlich den Namen „Kleiner Feigling“ und die Grafik 1992 „sehr mutig gestaltet“ hatte. Gift-grüner Hintergrund und davor ein stilisiertes Gesicht mit 2 aufgerissenen Augen: dieses Bild in der Werbung war wirklich neu und mutig!

Aber das Ritual hat weder er, noch die ihn betreuende Werbe-Agentur entwickelt. 1992 gab es noch keine sozialen Medien und das Internet startete gerade mit der ersten Verbreitung im Privatbereich.

Wirklich alles fußt tatsächlich auf Mund-zu-Mundpropaganda.

Ich selbst habe lange im Internet recherchiert und ich habe bis heute keinerlei Hinweise auf die „Wurzel dieses Ritus“ gefunden.

Aber inzwischen ist mir klar, warum sich dieses Ritual so stark verbreitet hat (siehe die Ausführung des Anthropologen Victor Turner)! Da passen wirklich alle notwendigen Parameter zusammen, für ein beliebtes Ritual!

Noch so ein spezielles deutsches Ritual ...

Im bayrischen Bierzelt zum Oktoberfest wiederum spielt die Kapelle in tumber Regelmäßigkeit einen Tusch, es wird dann ein kurzer Text gesungen (etwa **„ein Prosit der Gemütlichkeit“**), dann wird der Maßkrug angesetzt und getrunken!

Anscheinend machen sich weder Einheimische, noch Touristen, noch die Alten und junge Leute Gedanken, was dieser Spruch eigentlich bedeutet, oder bedeuten soll und wo er herkommt – aber alle machen regelmäßig mit!

Komponiert und getextet vom Chorleiter und Komponist Bernhard Traugot Dietrich, ca. um 1880 in Chemnitz, hat 1898 der Wirt Georg Lang in seinem Bierzelt auf dem Münchner Oktoberfest das Lied bekannt gemacht und schon mal gleich öfter eingesetzt.

Es wird bis heute pro Stunde mehrfach angespielt und verleitet die anwesenden Gäste zum häufigen Saufen! So hat Georg Lang auch den Text in der 2. Zeile verändert und erweitert in:

„Ein Prosit, ein Prosit der Gemütlichkeit -

Oans, zwoa, drey! G’suffa!“

Und jetzt müsste allen klar geworden sein, wieso das gesamte Ritual auch beim „Kleinen Feigling“ so erfolgreich ist, für alle, aber vor allem für den Getränke-Produzenten!
Es geht eigentlich nur und pur um das gemeinschaftliche Saufen!

Warum stoßen wir eigentlich an?

Vor allem aber verweisen die damit verbundenen Rituale auf eine reiche Tradition. Das fängt an beim Anstoßen, was schon kleine Kinder gerne üben. In der Schule lernt man, dass diese Sitte aus dem **Mittelalter** stammt.

Damals wollte man sich vor Meuchelmord durch Gift schützen, indem man beim Anstoßen sein Gebräu ins Glas des Angst-gegners schwappen ließ.

Damals ermordeten viele Menschen ihre Feinde oder Rivalen mit Gift.

In der Gruppe stieß man dann die Becher kräftig zusammen, sodass der Inhalt über-schwappte und sich mit dem Getränk des Gegenübers vermischte. Trank einer der Runde nicht mit, war Vorsicht geboten. Besonders Könige und andere Herrscher benötigten dieses Ritual.

Zusätzlich schützten sie sich auch zusätzlich mit einen Vorkoster, der aus dem Kelch trinken musste, vor Giftmord.

Eine andere Theorie stammt vom reichen Bürgertum des 16. Jahrhunderts. Tischmanieren und Etiketten bildeten sich damals. Ein Zeichen des Wohlstands war es, dass jeder Gast sein eigenes Glas hatte.

Um dies zu feiern stieß die Runde lautstark an. Es kann aber auch sein, dass diese Trinksitte bereits in der Antike durchgeführt wurde. Mit dem Klirren wollten sie böse Geister und Dämonen vertreiben.

Die Regeln beim Anstoßen sind in Deutschland recht einfach: die Anstoßenden müssen sich in die Augen schauen, sonst drohen ihnen sieben Jahre Unglück. Außerdem dürfen die Teilnehmer nicht über Kreuz anstoßen.

Nun muss man natürlich differenzieren, wie man anstoßen darf:

- bei Bier und Schnaps stößt man die Gläser oben leicht aneinander,
- Weizenbier stößt man in Bayern anders an: da berühren sich die „Glasränder der Fußbereiche“ der Gläser!

Warum zerstören wir die Gläser nach dem Trinken?

Aus der frühen Neuzeit wiederum stammt der Brauch, die Gläser nach dem Trinken zu zerstören. So sollte verhindert werden, dass der Segensspruch, auf den angestoßen wurde, durch einen folgenden hätte übertrumpft werden können.
Die feierwütigen Engländer schmeißen beispielsweise teilweise in Pubs ihr Pint-Glas hinter sich oder gegen die Wand. Das soll Glück bringen. Extra dafür soll es nun bruchsichere Gläser mit Spezialbeschichtung geben, die für eine geringere Verletzungsgefahr sorgen.

Die Sache mit dem Tequila

Trinken macht offenbar erfinderisch, Tequila trinken insbesondere. In seinem Ursprungsland **Mexiko** nippt man ihn nur gesittet und schlückchenweise.
Erst die US-Amerikaner haben die Variante entwickelt, zuerst Salz vom Handrücken zu lecken, dann das Glas Tequila auf Ex zu leeren und dann in ein Stück Zitrone zu beißen. Inzwischen ist es sogar international Usus geworden, Tequila weltweit so, eben mit Salz und Zitrone, zu trinken, außer natürlich in Mexiko!
Ich kann mich aber an diverse Trink-Situationen mit Tequila-Darreichungen erinnern, wo man auf meine Fragen spontan antwortete: „Wie, das kennst du nicht, das macht man in Mexiko doch so, wenn man Tequila trinkt!“

Der Toast - Nette Trink-Sprüche

Ich behaupte einfach, dass wir als erstes Fremdwort in einer anderen Landessprache, das landeseigene Wort für unser deutsches „Prost“ lernen! „Stößchen“ und „Prösterchen“ heißt eben auch Cheers, Skål, Jámas, Salute, Kanpai, Na zdrave , Op uw gezonheid, usw.
Ein **britisches Toast** klingt, wie ein gelungener Witz. „**Auf unsere Frauen und Liebchen“**, schmetterten einst die Offiziere der Royal Navy den Seesoldaten entgegen.
Darauf antworteten diese, bevor sie ihre tägliche Ration Rum kippten: **„Auf dass sie sich nie begegnen!“** .

Übrigens:
Die Redewendung **„einen Toast aussprechen“** stammt aus dem England des 19. Jahrhunderts. Englische Lords gaben ein Stück geröstetes Brot (Toast) in das Weinglas, damit dieser besser schmeckt.

Absinth trinken - das Absinth Ritual

Das Absinth Trinkritual, aber auch die Absinth Zubereitung ist ein allzeit heiß diskutiertes Thema. Besonders Leute die gerade anfangen Absinth zu entdecken, werden oft mit der Vielzahl an widersprüchlichen Aussagen überfordert.

Zu aller erst sollten Sie wissen, dass Absinth immer mit Wasser verdünnt getrunken werden sollte. Wir trinken Absinth nicht pur! Die meisten Absinth Sorten sind viel zu stark, und der Großteil der im Absinth enthaltenen Aromen entfaltet sich erst bei der Zugabe von Wasser.

Absinth pur im Glas, dann mit etwas Wasser, und schließlich fertig zubereitet

Des weiteren verwenden wir ein durchschnittliches Mischungs-verhältnis von 1:3. Ein Teil Absinth, und mindestens 2-3 Teile Wasser - Nicht andersrum!

Warum das Wasser langsam in den Absinth gegeben werden sollte

Die vielen verschiedenen Kräuter (oder richtig: die ätherischen Öle dieser Kräuter) sind im Alkohol nicht löslich, und dadurch mehr oder weniger „gefangen" bis sie sich durch die Zugabe von Wasser lösen und entfalten können. Jedes ätherische Öl löst sich ab einem unterschiedlichen Wasser-Alkohol-Verhältnis, weshalb es besser ist durch langsames Tropfen allen Ölen die Chance zu geben sich zu entfalten. **Gibt man das Wasser zu schnell hinein, wird der Absinth nicht wirklich trüb und schmeckt wässrig!**

Die wissenschaftlich anthropologische Abfolge von Ritualen, speziell von Trink-Ritualen

Merkwürdigerweise sind wohl solche verbalen und nonverbalen Trinkrituale wichtiger, als man auf den ersten Blick annehmen mag.

Die weitestgehenden Gedanken dazu, stammen von dem englischen, 1983 verstorbenen **Anthropologen Victor Turner**. Er untersuchte weltweit verschiedene **Formen symbolischer Handlungen** und stellte fest, dass viele eine ähnliche **dreigeteilte Struktur** aufweisen.

1. Die erste Stufe ist die der **Trennung**. Eine Gruppe von Individuen wird aus den Alltagsstrukturen herausgelöst.
2. Die zweite, die entscheidende Stufe nannte Turner die **„Liminal-Phase"**. Wie der Name andeutet, handelt es sich hierbei um eine „Grenzsituation". Die sozialen Regeln werden kurzfristig „suspendiert". Entscheidend für diese Phase ist der Zustand der „Communitas", so Turner, der Hierarchielosigkeit, in dem die „Gruppe zu einem einzigen Körper" verwachse.
3. Der letzte Schritt ist die **Rückkehr in die Gesellschaft**, wobei die Teilnehmer meist einen neuen sozialen Rang erlangen.

Turner betrachtete unterschiedlichste Ausprägungen dieses Verhaltens, etwa Wallfahrten, religiöse Feste, vor allem aber Initiationsriten, bei denen meist Jugendliche zu Vollmitgliedern eines Stammes werden. Riten, wie sie heute noch gepflegt werden.

Man denke nur an „Bierkämpfe“ der studentischen Burschenschaften und der Fechtrituale (Mensuren-schlagen) bei den schlagenden Studentischen Verbindungen. Oder die Einweihungszeremonien einiger Elitehochschulen, in den USA, bei denen die Novizen mit ekel-erregenden Brühen malträtiert werden, bis hin zum Geheimnis-umwitterten Aufnahme-Ritual bei den „Logen-Brüdern“, wie Freimaurer, Rosenkreuzer, Skull-&-Bones, usw.

Das alles sind festgeschriebene Handlungen und Aktionsabläufe, deren ursprünglicher Sinn auch oft in Vergessenheit geraten ist!

--- ENDE - Ich habe fertig! ---

Nachtrag:

Jägermeister, der größte Hersteller von Magenbitter-Likören, ist auf den „ColdBrew-Zug“ aufgesprungen! Alkohol und Kräuter werden hier mit kalt-gebrühtem Kaffee vermischt und das trinkfertige Getränk hat einen stattliche Alkoholgehalt von 33%.

Es richtet sich sowohl an alle Shot- und Markenfans, als auch an Kaffee- und Schokoladenliebhaber.
Das neue Produkt wird ab Ende 2019 vorerst in den USA und in Großbritannien erhältlich sein.

Jägermeister ColdBrew Coffee - Gut schütteln und als eiskalten Shot bei -18°C genießen! *https://www.jagermeister.com/en/coldbrew*

21. Quellen für Inhalte, Bilder, Fotos und für Grafiken

Internet:
Danke an alle, für die umfangreichen Informationen!

https://www.coffeecircle.com/
https://www.coffeeness.de/
https://www.dock-18.de/
https://www.sonntagmorgen.com/
https://earlybird-coffee.de/
https://www.fizzz.de/
https://mast-jaegermeister.de/
https://www.hein-richs.de/
https://kitchengirls.de
https://www.tchibo.de/
https://www.chefkoch.de/
https://www.roastmarket.de/
https://www.starbucks.de/
https://www.coffee-perfect.de/
https://kaffee-spezialisten.com
https://www.edeka.de/cold-brew-coffee.jsp
https://www.isi.com/kulinarik/rezepte/rezept/cold-brew-coffee/
https://www.coffee-fellows.com/
https://re-coffee.ch/
https://www.stokcoffee.de/
https://roastrebels.com/
https://www.kaffeeverband.de/
https://www.flyingroasters.de ›
https://www.siebland.com/siebtraegermaschine/cold-brew-und-ice-brew/
https://www.stokcoffee.de/
https://www.hamburg040.com/genuss
https://marmeladekisses.de
https://anjesagt.blogger.de/
https://www.mcdonalds.de
https://www.cold-drip-coffee.com/wiki/

Presse

https://www.presseportal.de/
https://www.wikipedia.de/
https://www.weser-kurier.de/
https://www.diepresse.com/
https://www.neuepresse.de/
https://www.spiegel.de/
https://www.welt.de/
https://www.fr.de/ (Frankfurter Rundschau)
https://www.zeit.de/
https://www.stern.de/
https://www.haz.de (Hannoversche allgemeine Zeitung)
https://www1.wdr.de/verbraucher/rezepte/ (Westdeutscher Rundfunk)
https://www.br.de/ (Bayrischer Rundfunk)
https://www.ardmediathek.de/
http://verlagskontor-sh.de/
https://www.youtube.com/
https://www.startnext.com ›

Bilder, Fotos und Grafiken

https://www.shutterstock.com/
https://stock.adobe.com/
https://www.kaffeeverband.de/de/presse-bilder/
https://www.pixelio.de/
https://pixabay.com/de/
https://unsplash.com/
https://www.pexels.com/de-de/
https://deathtothestockphoto.com/
https://kaboompics.com/
https://www.stokpic.com/
http://photopin.com/
https://gratisography.com/
https://www.pinterest.de/
https://www.gettyimages.de
https://www.jagermeister.com/en/coldbrew